各具特色的 **节日风俗**

格林教育发展中心 编

河北出版传媒集团

河北科学技术出版社

图书在版编目（CIP）数据

各具特色的节日风俗 / 格林教育发展中心编 .—石家庄：河北科学技术出版社，2012.8

ISBN 978-7-5375-5341-4

Ⅰ .①各… Ⅱ .①格… Ⅲ .①风俗习惯 - 世界 Ⅳ .① K891

中国版本图书馆 CIP 数据核字（2012）第 191378 号

各具特色的节日风俗

格林教育发展中心 编

出版发行	河北出版传媒集团　河北科学技术出版社	
地　　址	石家庄市友谊北大街 330 号（邮编：050061）	
印　　刷	北京中振源印务有限公司	
开　　本	700×1000　1/16	
印　　张	13	
字　　数	130000	
版　　次	2013 年 1 月第 1 版	
印　　次	2014 年 1 月第 2 次	
定　　价	25.80 元	

如发现印、装质量问题，影响阅读，请与印刷厂联系调换。

厂址：通州区宋庄镇小堡村　　电话：(010) 89579026　邮编：101100

目录

春 节

春节就是农历元旦，它是我国一年中最盛大、最隆重的传统节日。春节的历史源远流长，据记载，大约起源于遥远的古代。距今四千多年前的夏代，我国劳动人民根据气候、天文、农事季节特点创造出一套历法，称夏历。那时，人们就知道冬去春来开始的一天，称这天为"元旦"或"元日"，谓之"岁之元、时之元、月之元"。时至西周，就有了比较明确的"春节"概念，时间大概在农历"立春"前后。到汉武帝时，我国创立了太阳历，从那时起就正式把"春节"定在农历正月初一，这个风俗传统一直流传至今。新中国成立后，全国统一以阳历一月一日为元旦，而把农历的正月初一定名为"春节"，作为法定的节日。

我国北方一些农村，在春节期间，有扭秧歌、闹社火、唱大戏等习俗。每个村子都要组织秧歌队到邻村去扭，往来互访，以示贺年。初一，北方习惯吃水饺，南方作兴吃汤圆，表示家人团圆。

尽管我国南北方春节风俗有所差异，但"年糕"和"拜年"习俗是共同的。据说吃年糕是象征着生产和生活"年年高，日日好"，这不正是反映出人民群众迫切的心意和良好的愿望吗？从年初一开始，不论是城乡村镇，还是街头巷尾，人们总是川流不息、喜气洋洋、左邻右舍、至爱亲朋、上级下级、干部群众，登门拜年，互相祝愿，恭贺幸福。大家在一年辛勤劳动工作之余，利用假日，促膝趣谈，游艺戏乐，欢聚一堂，亲密无间，团结一心，这确实是个有意义的中国传统风俗。

除　夕

　　正式过春节是从除夕这天开始的。"除"是除旧布新的意思，一年的最后一天叫"岁除"，所以这天晚上叫"除夕"，或称"大年夜"，或叫"年三十"。这一天人们都要"过年"，吃"年夜饭"。

　　关于"过年"还有这样一种传说：古时有一个凶恶怪兽，每逢腊月三十晚上，便出来挨家逐户残食人群，人们叫它"年"。有一个腊月三十晚上，"年"到一个村庄去，恰巧有两个牧童在比赛牛鞭子。"年"忽听半空响起劈里啪啦响声，吓得闻风逃窜；"年"窜到另一个村子，迎头就看见一家门口挂着大红布酒帘子，"年"一吓，掉头又跑了；"年"再闯到另一个村子，它朝门缝里一望，只见炭火盆里亮闪闪的火光，刺得它头昏眼花，只得溜了。从此，人们才知道"年"怕响、怕红、怕火。所以，到过年，户户放爆竹，村村燃烟火，巷巷赛锣鼓，家家贴红联，人人穿红衣，这样"年"就不敢来了。还有一种传说是，"年"有谷物成熟的意思，每岁又是一熟，所以"年"又成了"岁"名。《尔雅》中说："夏曰岁、商曰祀、周曰年。"后来，历代把过年作为一个隆重的节日，目的是为了除魔驱邪、预祝丰年。

除夕这一天，远在祖国各地的人们南来北往，归心似箭，不顾旅途劳累，不怕严寒风雪，兴冲冲地赶回家过年。家家磨刀霍霍杀鸡宰鹅，户户热气腾腾蒸煮佳食，来迎接一年一度的新春。这天，大人们变得和蔼宽容得多了，让孩子们自由自在、无拘无束地过一个快乐的春节。除夕的晚饭历来比平常丰盛得多。一家人围桌而坐开怀畅饮，桌上布满佳肴美酒，欢乐的气氛真是难以言表。这除夕之夜的'晚餐'人们称之为"团圆饭"。

元宵节

　　我国民间俗称农历正月十五为"元宵节"，又名"灯节"。元宵节的由来已久。有书可查的，可以上溯到两千多年以前的汉朝，据记载，汉代都城长安，平时"有执金吾，晓瞑传呼"，即手拿武器的兵士巡路禁夜，只有正月十五才"弛禁前后各一日"，可见当时朝廷把元宵节已视为一个隆重节日，让军民庶士彻夜戏闹。

　　元宵节的习俗也很多，赏灯彩、食元宵、吃团聚夜饭。正月十五合家共进晚餐，意味着全家团圆欢乐，是吉祥的体现。而吃一顿红糖、芝麻、青丝、玫瑰等馅心的元宵，象征着未来生活的美满和甜蜜。"元宵"成为节日食品的习俗，也是由宋朝流传下来的。

　　一到元宵节，人们便会想起灯彩。很早以来，我们民族就有元宵闹灯会的传统习俗，那时简直是一次灯彩的展览会。灯彩起源汉朝，盛于隋、唐、宋。

花灯、鱼灯和字灯都是好看的。但比起龙灯来，又是微不足道的了。龙灯队由几十盏，甚至一百多盏灯组成。每一盏灯都作为龙身的组成部分。一盏龙灯是个什么样子呢？它大得像个汽车轮子，背上有五只角，角连起来就成龙的背鳍。灯上是五彩云霞、绿色波澜、水珠飞溅的装饰画。龙头简直是民间工艺的奇葩，它似乎是一座纸扎的巍峨建筑物。龙灯队以龙头为先导团团舞旋起来，远远看去，像升腾起来的一片光华，红光紫雾，气象万千。到眼前是一条璀璨的光带，五彩四照、令人目眩。按照历代相传的风俗习惯，灯市都到元宵节后三日结束，名叫"散灯"或"落灯"。这天晚上尽情欢闹戏游，到处鼓声雷动。元宵灯节，是中华民族的大联欢节。

沐浴节

我国早在殷商甲骨文中就有了"沐浴"二字。据说当时"沐"指洗脸，"浴"乃洗澡。现在珍藏的文物约2600多年前的"虢季子白盘"，据考证即是古代之浴器。以后，孔子在《论语》中还写道："暮春者，春服既成，冠者五六人，童子六七人，浴于沂，风乎舞雩，咏而归。"这里描绘的是一群青少年在春光明媚的时刻，到大河里沐浴的欢乐情景。

而到距今1700多年前的东汉时期已将沐浴作为一种礼仪活动。据《后汉书·礼仪志》记载："三月上巳，官民皆洁于东流水上，曰洗濯，祓除去宿垢疢为大洁。洁者，言阳气布畅，万物讫出，始洁之矣。"可见，那时人们已认识沐浴能去垢洁身、除病健身。后来，宫廷皇室也沐浴趣乐，并确定每年三月上巳为"沐浴节"。传至唐代，上及亲王显贵，下延黎民百姓，洗澡之风更盛。

古代为什么定三月上巳为"沐浴节"呢？因为那时，春暖花开，气候转暖，适于沐浴。每年阳春三月，桃花含苞、柳枝放绿的时候，清澈的河边，官民成群，下轿离鞍，解衣除冠，在流水潺潺清水中沐浴洗身，或静卧沙滩，以阳光沐身。

在江南农村民间还有"六月六，猫洗浴"的习俗，即把每年农历六月初六定为"沐浴节"。每逢这一天不论是河里或池塘里，总是人头攒动。六月六大约还是个试水和水上表演的日子。男女孩子都往水里钻；大姑娘新媳妇也可以找到洗浴的地方；婆婆不能下水，还是以洗头代浴；游泳健儿们在水中更是大显身手，在水中追逐戏闹，水面上呈现出一派欢乐的景象。

端午节

农历五月初五是端午节，又称端阳节。古时候"端"是开端的意思，可作"初"解释，"五"和"午"通用。

端午节的由来源远流长，据闻一多先生考证：四五千年前，生活在江浙境内的我国古代的吴越民族举行图腾祭就在端午这一天。近 2250 多年来，才成为悼念屈原的节日。

屈原是战国时代的楚国人，曾当过楚国的左徒、三间大夫。那时楚国外有强敌，内有奸臣，楚王不听屈原忠告，反而把他革职，放逐到湖南。在流放途中，屈原怀着忧伤悲愤心情，写下了许多沉痛悲壮的诗歌，最著名的就是《离骚》、《九歌》、《九章》等。公元前 278 年，屈原 62 岁，他在长沙附近突然听到楚国郢都被秦军攻下的不幸消息，屈原感到自己的一切希望都已破灭了，就在五月初五这天抱着石头纵身跳进了长沙附近汨罗江自尽了。

关于端午节习俗见晋代周处《风土记》："仲夏端午，烹鹜角黍。"角黍就是粽子；鹜是家鸭。人们"烹鹜"祭奠屈原，就是鸭子善于游泳，幻想用群鸭托起屈原的遗骨，不致被蛟龙吞食。直到今天，不少地方在端午这天有吃鸭子或划龙舟时抢鸭子的习俗。

端午节作为一个具有积极意义的民族传统节日，它体现了人们热爱忠良、痛恨奸邪的思想感情，也表达了人们悼念缅怀爱国志士仁人的美德。因此，很多地方还有插菖蒲、燃艾条、洒雄黄的习惯，含有驱虫灭害、驱邪避祸的寓意。

中秋节

农历八月十五，在秋季的正中，所以这一天叫中秋节。据清代《镜花缘》作者李汝珍考证，中秋节的习俗最晚起始年代应为唐朝。《镜花缘》里描述林之洋等人的漫游，是在武则天时代进行的。该书第三十一回就提到了水手们在智佳国度中秋节的盛况。

中秋节之所以成为"团圆节"，还在于月亮之中的种种神话故事。传说唐明皇在八月十五梦游月界，月宫中水晶莹莹、银光闪闪、如入仙境，他抬头见一匾额，题书"广寒清虚之府"。此后人就以为月中有月宫，名曰"广寒宫"。又相传月宫中有美丽的嫦娥，她原是古代传说人物后羿的妻子，后羿从西王母处得长生不死之药，嫦娥偷食，就飞奔到月亮中去了。

当然，传说和神话则表达了古代劳动人民的心愿，也是他们智慧火花的结晶。想象并不等于现实，1969 年美国载人"阿波罗"号登月飞船第一次登上月球，打开了月亮的秘密。月亮上既没有吴刚、嫦娥，也没有其他生命，是一个绝无生气的世界。月球上有蜿蜒曲折、连绵不断的环形山，有宽广的大平原，没有空气，没有水分，昼夜温差二三百摄氏度。但月岩、月壤中有地球上的全部化学元素，有些矿物是发展尖端科学不可缺少的原料。据生理学家研究，人寿命由于心脏与重力搏斗而缩短不少，而月球重力仅是地球六分之一，故月亮上有利人的身心健康，可延年益寿，是疗养胜地。在月球上还可建立天文台、核电站等。到那时，人们真正可以遨游"广寒宫"，饱赏月亮上的胜景！

观潮节

农历八月十八日是古代传统的观潮节，这天浙江钱塘海宁潮头最大。观潮节始于宋朝，距今已有 1000 多年历史。相传南宋把每年八月十八日定为潮神生日，于这天在钱塘江上摆开战船，激浪行舟，旗幡飘飘，战鼓咚咚，校阅水师，热闹非凡，军民等人，均可观赏，年复一年，相沿成俗，就形成了一年一度的观潮佳节。

观潮节有许多民间传说：远在公元前 5 世纪，春秋末期，吴国打败了越国，越王勾践请和，吴王夫差表示同意。吴国的大臣伍子胥不同意这种结束战争的办法，加上吴国的内奸太宰嚭接受越国的贿赂，在吴王面前讲了一大堆伍子胥的坏话，于是这位忠心为吴的伍子胥就被"赐剑自裁"。伍子胥的尸体又被放在大锅里煮烂，装进大皮囊抛到钱塘江里去了。9 年之后，越王勾践果然消灭了吴国。人们出于同情伍子胥的遭遇，编出了一个神话，说钱塘江的涌潮是伍子胥死后发怒而造成的。这个神话大约在公元前 3 世纪已广为流传。

　　每逢观潮盛节，海宁堤塘，中外游客，老小云集。人们站在巍峨的鱼鳞石塘上放眼遥望，碧海银波，青天白云，天水一色，白鸥翱翔，天鹅展翅。突然一股清新的带有潮气的风轻轻拂过，耳边隐隐听到连续不断的声响。潮头来了！如一条娇娆的银龙，横江翻滚，浊浪排空。一眨眼潮水如晶莹的雪山扑面而来，又像群兽吼鸣震动天地。在这景色绚丽奇特、气势磅礴的海宁潮面前，你难道不为可爱的祖国壮丽山河所折腰吗？"八月观潮节，海宁相聚会"。

重阳节

　　唐代著名诗人王维在《九月九日忆山东兄弟》一诗中云："独在异乡为异客，每逢佳节倍思亲。遥知兄弟登高处，遍插茱萸少一人。"诗人抒述了重阳节习俗和思亲怀念之情。古时，农历九月九日为重阳节，因九属阳数，九月九日是二九相重，故称"重阳"。重阳习俗甚多。饮黄花酒，吃重阳糕，插茱萸，赏菊花，登高处。

　　重阳登高习俗始于东汉，相传东汉的弗长房是个未卜先知的人，他对徒弟桓景说："二九相重的这一天，你全家人要遭大难。"并吩咐徒弟叫全家人身上挂红布袋，里面放些茱萸，带了菊花酒，上山过一夜即可消灾避难。过了一夜，桓景回家一看鸡犬尽死。弗长房对徒弟桓景讲："要不是这些家畜做替死鬼，你全家就要遭殃了。"从此，每逢重阳节登高的风俗就兴起来了。今天，我们当然不会相信重阳登高可以消灾消难的迷信说法，但古人"登高"还是有一定道理的。这是一项有益的体育活动。九九重阳，天高气爽，正是登山秋游的好季节，登上顶峰，空气清新，阳光充沛，俯瞰园林，远眺山河，心情舒畅，消除疲劳，振奋精神，确实是良多乐趣的活动。

重阳插茱萸之风，在唐朝已很普遍。朱放在《九日与杨凝崔淑期登江上山有故不住》中云："那得更将头上皮，学他年少插茱萸？"至于储光羲《登戏马告作刀》中所云："天开神武树元勋，九日茱萸缫六军。"更把茱萸当做犒赏了。茱萸固无避邪的神威，却有驱杀蚊虫的功效。入药可治遗精、腹痛、吐泻、便秘、消化不良等症。如放在身上，可避蚊虫叮咬。

人们在重阳节有吃重阳糕的习惯。古时，还在荤、素重阳糕上插一彩色小纸旗。这也许用"吃糕"替代"登高"，用小旗替代茱萸吧！

冬至节

每年阳历 12 月 21 日或 22 日，便是我国民间传统的冬节，冬节俗称"冬至"。

在古代，冬节曾是一个隆重的节日。周代时，除日（年三十）和除夕不在年终，而是在冬至的前一日。那时的二十四节气，也是以冬至为首的。劳动人民喜爱抚育万物的煦煦阳光，所以特别重视冬节，都认为"冬节大过年"。从古至今，每逢冬节之日，都要全家欢聚，以示庆贺。唐、宋时期，人们在冬节都要吃各式各样的馄饨，称为"百味馄饨"。以后逐渐演变成为冬至早吃团子，象征着合家团圆。冬至夜全家吃团聚晚饭。民间流传谚语："有吃冬至夜，没吃冻一夜"，则道出了旧社会劳动人民的苦难。

冬节合家团圆之夜也牵动着台湾人民的心。目前，在台湾民间也流传着一句谚语："冬节唔返有祖宗"，意思是说外出的人，到冬节定要回家来拜祖先，否则就是不孝之子孙。每逢冬节，台湾的民俗是蒸九层糕拜祖先。九层糕包括甜糕、咸糕、萝卜糕、芋头糕、松糕等，加上龟背形上砌成的寿字和用糯米粉捏成的鸡鸭鹅、猪牛羊，用蒸笼分层蒸煮。其用意是子孙们将劳动创造的果实，纪念自己的祖宗。冬节那天还一定要吃汤圆。在拜祖先时，全家跪在祖先的神主木牌前，由家长述说自己的"根"在什么地方。冬节拜祖先，在台湾各地代代相传，每一代都嘱咐自己的子孙，不要忘记自己的"根"。

元旦

每年公历 1 月 1 日，是我国人民传统的新年——元旦。

"元旦"这一名称，据说起自三皇五帝之一的颛顼，他以农历正月为元，初一为旦。南宋吴自牧《梦粱录》中曰："正月朔日（初一），谓之元旦，俗称新年。"此后，夏、商、周、秦、汉等朝代的元旦日期并不一致。据《史记》记载：夏代以正月初一为元旦；商代以十二月初一为元旦；周代以十一月初一为元旦；秦代以十月初一为元旦；到汉武帝时，又恢复以正月初一为元旦。辛亥革命后，我国把正月初一称作春节，阳历(公历)1 月 1 日叫新年，不称元旦。直到 1949 年 9 月 27 日，中国人民政治协商会议第一届全体会议通过使用"公元纪年法"，才又将公历（阳历）1 月 1 日正式定为"元旦"，农历（阴历）正月初一定为"春节"。

"元旦"是个合成词。古时候"元"的本义是"人头"。在国外，人们称一个国家的"头头"为"元首"。后来人们把"元"

引申为"第一"或"开始"。至于"旦"字的含意就更明确了。

元旦是一年开始的第一个美好节日。每当这个节日到来之时，每个人都怀着雄心壮志，展望新的一年的美景；每个人都有着雄心勃勃的计划，为社会作出新的贡献。家家户户，喜气洋洋，亲朋欢聚，同贺新年，人们还兴致勃勃地参加各种有益的游乐活动。许多人还购买历书、贺年片、年历画片互相赠送，互祝新的一年取得更大的成绩。

妇女节

每年的 3 月 8 日是国际劳动妇女节。要知道国际劳动妇女节的来历，就要记住 1909 年 3 月 8 日这个日子，记住克拉拉·蔡特金这位杰出的女革命家的名字。这位德国革命者为劳动妇女的解放，奋斗了一生，被誉为"国际妇女运动之母"。

在资本主义制度下，劳动妇女的生活是十分悲惨的。资本家为了赚大钱，大量雇用女工，让她们和男工干同样的活，却只给她们相当男工的二分之一或三分之一的工资。每天工作却要十六七个小时，生老病死没有任何保障。在 1889 年"第二国际"成立大会上，蔡特金指出"资本家故意利用女工（还有童工）来压低工资，所以同工同酬不但保护了劳动妇女，而且保障了整个工人阶级的利益"。这是劳动妇女有史以来第一次要求平等权利的讲话。

1909 年 3 月 8 日，美国芝加哥城各工厂的女工，举起争取自由平等的旗帜，首先举行了大规模的罢工和示威游行，反抗资本家强加给她们的非人生活。这个行动，得到了各国劳动妇女的热烈响应。

1910年3月，由蔡特金主持，在丹麦首都哥本哈根召开了第二次国际社会主义者妇女代表大会，蔡特金向大会提议，为了加强世界劳动妇女的团结和解放运动，把象征妇女团结、斗争的3月8日，规定为全世界劳动妇女的节日。大会一致通过了蔡特金的提议。

现在，"三八"这面旗帜已成为全世界妇女争取自由、平等、解放运动的光辉旗帜。

新中国成立后，1949年12月，我国中央人民政府政务院规定：三月八日为国际劳动妇女节。

植树节

联合国粮农组织第一次会议，就建议规定世界植树节日。1979 年 2 月，我国五届人大常委会第六次会议决定，3 月 12 日为我国植树节。1980 年，全国人大会议又规定：年满十一岁的公民，除老弱病残者外，每年都要义务种植三棵至五棵树。全国人民热烈响应政府号召，绿化祖国，保护环境，造福人类。

其实我国植树造林有着悠久的历史。早在父系氏族社会后期的虞舜时代，就已设立了执掌山林的官员"虞人"；西周则以"封人"负责国都植树，"掌国"负责各地城郭沟池的植树；东周以"野庐氏"掌管驰道两旁树木的种植与栽培。春秋战国数百年战争杀伐，森林资源遭到严重破坏。公元 605 年，隋炀帝为加固大运河河堤，下令在运河两岸广植柳树。数年后，运河两岸柳树亭亭如盖，宛如一道绿色长城。如今，我国政府又正式规定每年植树节在 3 月 12 日。

由于每年植树节广泛开展植树造林活动，便在我国各地形成了一些植树造林的好风俗。如广州市人民政府规定，凡是结婚男女，婚前必须到指定的"幸福园"种植十棵"幸福树"；湖南衡阳车辆厂凡新学徒进厂要种植"入厂纪念树"；贵州山区侗寨苗乡，凡生了孩子，要在房前屋后种上百株"儿女杉"；广东徐闻县每当有人来定居落户都要栽上一批苦楝。植树造林，绿化祖国已成为我国人民的优良美德。

劳动节

　　五一国际劳动节，是全世界无产阶级和劳动人民团结战斗的节日。

　　五一国际劳动节起源于 1886 年 5 月 1 日美国芝加哥的工人大罢工。那一天，以芝加哥为中心，美国全国大约有 35 万工人，举行了规模空前的大罢工和示威游行，要求改善劳动条件，实行八小时工作制。反动统治集团纠集了大批军警对游行示威的工人进行血腥镇压。工人们面对屠刀，进行了英勇不屈的斗争，充分显示了无产阶级的英雄气概和顽强斗争精神。美国工人的斗争得到了全世界各国工人阶级的支援，终于取得了胜利，迫使资本家接受了工人实行"每天工作八小时"的要求。

　　为了纪念美国工人这次大罢工的胜利，显示"全世界无产者，联合起来"的伟大力量，在恩格斯领导下，1889 年 7 月在巴黎举行的第二国际代表大会上，决定把 5 月 1 日作为国际劳动节。

中国工人阶级第一次纪念五一国际劳动节，是从 1920 年开始的。参加这次劳动节纪念活动的工人群众约有五六万人，遍及北京、上海、广州、哈尔滨、九江、香港等地。

新中国成立后，五一国际劳动节被正式定为我国全体劳动人民的节日。每到劳动节这一天，劳动人民都欢欣鼓舞，庆祝革命和建设的新胜利，用更加勤奋的劳动，来迎接战斗的明天。

青年节

5月4日，是1919年发生的五四运动的纪念日，是中国青年的光辉节日——中国青年节和青年团成立纪念日。

1919年，第一次世界大战中得胜的美、英、法、日等帝国主义国家举行了分赃的"巴黎和会"。会上不仅否决了中国人民提出的正当要求——废除日本帝国主义强加于中国的"二十一条"亡国条约，还公然决定由日本继承德国在山东的一切特权。一贯丧权辱国的中国北洋军阀政府，竟然准备妥协签字。

消息传来，激起了全国人民的无比愤怒。1919年5月4日，北京5000多名学生在天安门前集合，举行抗议示威游行，提出"收回山东主权"、"废除二十一条"、"严惩卖国贼"等要求。北京学生的正义斗争，得到了全国各界人民与青年的坚决支持，全国许多大中城市纷纷举行罢课、罢市、罢工，声援北京学生。震动全国的五四运动轰轰烈烈地爆发了。6月3日以后，发展为全国人民的革命运动，中国工人阶级作为独立的政治力量登上了历史舞台。

五四以后，反帝反封建的青年运动迅速发展。1919年6月，成立了全国学生联合会。1920年10月，毛泽东同志在湖南亲手创建了社会主义青年团。1921年，周恩来同志和赵世炎、陈延年等同志又在巴黎组织了中国少年共产党，不久改名为中国共产主义青年团旅欧支部。1922年5月，在中国共产党领导下举行了中国社会主义青年团第一次全国代表大会，成立了全国性的团组织。

中华人民共和国成立以后，中央人民政府政务院在1949年12月正式宣布，以5月4日为中国青年节。1950年4月，为了使青年团继承和发扬"五四"以来中国青年的光荣革命传统，共青团中央又决定5月4日青年节同时作为青年团成立纪念日。

儿童节

在当今社会，还有数亿儿童生活在饥饿和痛苦之中。据联合国儿童基金会统计，在资本主义世界，有 5200 万以上的童工，其中有 4000 万以上的童工只能干活糊口。意大利虽有实施八年义务教育的法律，但全国却有 50 万学龄儿童为贫困所迫，从七八岁起就走向社会，自谋生路了，印度童工有 1080 万人，居世界首位。为了保障全世界儿童的权利，为改善儿童的生活，1949 年 11 月，国际民主妇女联合会理事会决定，以每年的 6 月 1 日为国际儿童节。

1931 年我国曾经规定 4 月 4 日为儿童节。但是，在国民党反动派的统治下，那只不过是装潢门面，做做样子的。在半殖民地半封建的旧中国，穷人的孩子的遭遇是十分悲惨的。除了当童工，还有当童养媳的，还有像《三毛流浪记》里的三毛那样孤苦伶仃、流落街头、挨饿受冻的孤儿。还有许多苦孩子，被号称"慈善事业"的帝国主义办的"育婴堂"、"孤儿院"

摧残了幼小的生命。

只有在共产党领导下的新中国，才真正替少年儿童着想。为了培养少年儿童的无产阶级国际主义思想，加强和各国少年儿童的友谊，我国政府在 1949 年 12 月决定：以"六一"国际儿童节代替原来的"四四"儿童节。并成立了"中国人民保卫儿童全国委员会"。我们的党把少年儿童看做是整个社会的财富，是国家、民族的希望和未来，看做是革命事业的继承者。在党的领导和关怀下，整个社会都负起了保护儿童、关怀儿童、热爱儿童、精心培育儿童的责任。

国庆节

1949 年 10 月 1 日的北京天安门广场，显得格外庄严、壮丽。30 万人聚集在这里，兴奋地等待着一个伟大的历史时刻——宣告中华人民共和国成立的到来。

人们永远不会忘记：为了这一天的到来，中国人民浴血奋斗，走过了多么漫长而痛苦的道路，付出了多么巨大而惨重的代价。

1949 年 10 月 1 日，秋天的北京晴空万里，天安门广场雄伟壮丽。旧中国遗留下来的垃圾早已铲除干净，城楼红墙粉刷一新，红灯高悬、红旗招展。下午三点，30 万人参加的开国大典开始了。毛泽东主席、朱德副主席、周恩来总理以及党和国家其他领导人登上天安门城楼。隆隆的礼炮，宣布开国大典开始，在雄壮有力的《义勇军进行曲》的乐曲声中，毛主席亲手升起了第一面五星红旗。他向全世界庄严宣告：中华人民共和国成立了，中国人民从此站起来了！这响亮、宏伟的声音越过高山，跨过海洋传遍全球！这时，天安门广场上全场沸腾，欢呼声响彻云霄，许多人激动得流下了热泪。

会后，举行了盛大的阅兵式和群众游行。人们载歌载舞、兴高采烈地通过天安门广场，表达了全国人民沿着胜利的道路继续前进的决心。

1949 年 12 月 3 日，中央人民政府委员会第四次会议通过决议：10 月 1 日为中华人民共和国国庆节。

教 师 节

我国最早建立教师节是 1932 年，当时的国民党政府规定：每年 6 月 6 日为教师节。但是，那时的教师节虚有其名，教师的地位仍然十分低下。

1938 年，陈立夫当教育部长，他又将 6 月 6 日的教师节，改为阴历八月二十七日孔子诞辰日为"教师节"。后因无人响应，无疾而终。

1950 年，周恩来总理提出：教师是脑力劳动者，建议"五一国际劳动节"同时作为"教师节"。1951 年，由教育部长马叙伦和中国教育工会全国委员会主席正式宣布，改用"五一国际劳动节同时为教师节"。但是"左"的影响下，教师节如同虚设。

1985 年 1 月 11 日，国务院向全国人民代表大会常务委员会提议，将每年的 9 月 10 日定为教师节。1 月 21 日，全国人大常委会通过这一提议，我国才有了真正的教师节。这对形成尊师重教，培养社会主义建设人才均有深远的影响。在党和国家的关怀下，我国教师的社会地位和物质待遇也日益提高。为了鼓励教师终身从事中小学教育，党中央和国务院正在制订特殊措施，并决定拿出几十亿元，为全国几百万中小学教师增加工资。随着国家对中小学教育的重视和加强，以及教师社会地位和物质待遇不断提高，我国越来越多的青年人开始关注和热爱教育事业。

壮族的牛诞节

在广东北部连山壮族自治县壮胞聚居的地方，每年农历四月八日是传统的牛诞节，也叫牛皇诞，传说是牛祖先的生日。据《连山县志》记载："古为龙华会，时俗牛皇诞。农家多于是日以香茅裹糯米为粽，约戚属聚饮，耕夫耕牛均休息一日。"壮胞至今还沿袭这个传统节日。

农历四月八日这一天，连山县壮区家家户户祭拜牛栏，分别用黄栀子和嫩枫叶榨叶，用来蒸黄、黑二色的糯米饭。黄牛喂黄色饭，小牛喂黑色饭。又将酒、猪肉、鸡肉、糯米饭放在托盘内摆到牛栏门口，烧香点烛，祭拜牛神，然后在牛栏门口贴上红纸，插上几条桃枝，祀求耕牛繁盛。拜完牛神后，把祭品拿回家，邀请亲朋吃团圆饭。所邀宾客，既有壮族亲戚，也有汉族朋友。有趣的是，有些村寨的壮胞，吃糯米饭时不用碗筷，而将饭捏成饭团，用手抓来吃。

牛诞节由来已久。传说壮族的祖先在一次打猎时，生擒一头神牛，便带回家饲养。一天，这头神牛生下一头牛犊后就死去，而这天正是农历四月八日。这头牛犊经驯养后能犁田，成为耕牛的"始祖"。冬去春来，年复一年，耕牛繁衍成群，逐渐代替了人力拖犁耕作。壮族人民为了纪念这头神牛及铭记耕牛的功德，渐渐形成了在每年农历四月初八这天怀念神牛和庆贺耕牛生日的风俗。

连山壮族地区是层层梯田，鳞次栉比，耕牛在农业生产中就有特殊地位。壮民就特别爱牛，经常酿酒喂牛。待到牛诞节这天，他们用熟薯藤伴上甜酒或黄酒喂给牛吃。尽管正值春耕大忙，耕牛还是要歇息一天。

苗族的龙船节

　　龙船节，是贵州地区，特别是清水江流域苗家最盛大的节日。每年农历五月二十四至二十七日，几十个村寨相继举行龙船节。按当地习俗，从十六日开始，只要全寨薅完秧，本寨的龙船便可下水。因此，从龙船下水的早晚，可以看出各寨的农事生产进度。在勤劳的苗家人民心中，龙船节到了，地里的秧还未薅完，这便是莫大的耻辱。

　　节日期间，家家户户酿米酒，包粽粑，走亲访友，宴请宾客。出嫁的姑娘必须携带粽粑、鹅鸭等礼物回娘家，同父母兄妹团聚。

　　苗族龙船节，与汉族端午龙舟竞渡有所不同。除时间不同外，一般不举行竞赛。主要活动是串寨子，走亲访友。清晨，龙船开始在江水中游动，所到之处，亲友们纷纷到岸边"接龙"。龙船过寨，鸣放铁炮传告亲友，岸上以鞭炮声相呼应。亲友们上前，向船上的人各敬两杯米酒，并将礼品——鹅、鸭、彩绸挂于龙头。如女婿、姑舅等至亲送上的礼物则是猪羊之类。

岸上，还有苗家传统的赛马、斗牛、踩鼓等活动。姑娘们身着节日盛装，应着木鼓的鼓点翩翩起舞。

龙船节结束，龙船都进"龙篷"。从施秉县的平兆到台江县的六河，每个苗寨都建有"龙篷"，用来保护龙船。因龙船身长25米，"龙篷"建成七格，每格将近4米长。因此，当地又将"龙篷"称为"七间房"。

龙，在苗族人民心目中是吉祥如意的象征。苗家姑娘最爱将龙的变形图案打制成银饰装点在头上，或刺绣在衣裙中，编织于围腰上。苗家制做的龙船，十分精巧、美观。龙身由1只母船和2只子船捆扎而成，叫做"子母船"。无论是子船还是母船，皆是独木镂成。2米多长的龙头，用水柳木雕成，并装有一对1米多长的龙角。龙角以主色不同，分为赤龙、青龙、黄龙。一年一度的龙船节，是苗族人民欢乐团聚的节日。

藏族的洗澡节

洗澡节是拉萨地区古老而欢乐的节日，当地人称为"嘎玛堆巴节"。

洗澡节一年一度在初秋举行，节期为七天。节日里，藏民们全家大小带着卡垫、毛毯和酒桶、食品来到拉萨河边。人们都赤身裸体在河里洗澡，一些年过半百的老妈妈站在河里慈爱地为已成年的儿子擦背、洗头；一些年轻的夫妇，则在互爱互助地洗着；小伙子们是连洗带游，在水中戏闹；姑娘们也都赤身裸体互相追逐着洗澡，河中不时传来她们的笑声，但姑娘们都很庄重、大方无邪。金灿灿的阳光正柔和地撒满大地，也映照着赤身露体的人们，他们个个都喜气洋洋，毫无顾忌地蹲在拉萨河边或泡在水里尽情地洗着。也有一些人躺在岸边进行日光浴。河岸上到处是笑声、欢声。

洗澡节在西藏已有几百年的历史，关于它的来历还有一段美丽的传说：勤劳的西藏人民在古代过着丰衣足食的生活，突然在深山老林里来了个魔鬼，残食人民，闹得大家六神不安。后来有位聪明美丽的姑娘，挺身而出与魔鬼搏斗，结果被魔鬼捉去关在山里，魔鬼终日守着姑娘，寸步不离，使得魔鬼无法脱身再来残害人民。姑娘为搭救百姓做了自我牺牲。每年等弃山星（金星）出现，姑娘就悄悄地来到拉萨河边洗澡，人们为了感谢她，每年等到这时就陪她洗澡。久而久之，便引成了洗澡节。

洗澡节在初秋是有一定科学道理的。西藏春天，冰雪融化，水寒刺骨；夏季又大雨倾盆，河水混沌；只有入秋时，河水才甘凉清澈，饮时不损喉，喝下不伤腹。加上这里日照时间长，到了下午，水温上升，正是洗澡的大好时光。阳光沐浴着大地和河面，阳光抚柔着欢乐的人们；净水清除掉人们周身污秽和疲劳，净水给人们带来生气和活力。

傣族的彩蛋节

每年农历二月初十，是傣族儿童一年一度欢乐的彩蛋节。傣族儿童总要带上染上各种颜色的熟鸡蛋来到学校，把彩蛋分发给他们汉、彝、哈尼等各族小朋友，共享节日的愉快，互相祝福，共同勉励。

彩蛋节也是傣族人民特有的儿童节。节日清晨，当一轮红日冉冉上升时，傣族的男女小孩人人穿上民族的传统新装，个个打扮得花枝招展，胸前挎上一个小巧玲珑的兜儿，里面装着几个染上红、黄、绿、紫等色的熟鸡蛋，带上饭菜，邀约同伴们，成群结队地来到村旁的树荫下或流水潺潺的小河边，捉迷藏，猜谜语，打水仗，扎猛子，你追我赶，欢天喜地地游玩着，沐浴在春天的阳光之中。

当太阳升到头顶，孩子们玩得筋疲力尽之时，便吆喝着来到一块大石头旁，并在绿色草坪上躺着休息一会儿。然后在大石头上铺开翠绿的芭蕉叶，打开饭盒，将彩蛋拿出来剥好摆在芭蕉叶的正中央，大家便围坐在大石头四周，嬉闹着共进午餐。十分有趣的是，尽管孩子们在菜盘里展开了一场激烈的"争夺战"，但吃去的仅仅是蛋白，蛋黄则依然完整无损地保留了下来。原来，这一颗颗金色的蛋黄代表着他们幼小纯洁的心灵。按照习俗，孩子们要小心翼翼地把蛋黄捧回家，敬献给父母、兄长，以表达对长者的敬爱之情。当孩子们奉上这宝贵礼品时，长者一定会祝愿他们像美丽的春花一样茁壮成长。

蒙古族的套马节

初夏，是内蒙古草原上的牧民们举办套马节盛会的日子。套马节盛会包括整马鬃、剪马尾、打马印、骟马公。这是蒙古族世代相传的节日，是重大的生产活动和群众集会。

节日期间，人们忙着杀牛宰羊，打酒买酒。盛会那天，一清早，穿着各色民族服装的男女牧民潮水般地从四面八方涌来。有的乘驼、有的骑马、有的坐车、有的步行，一路说说笑笑来到会场。

套马是节日最精彩的表演。只见一位套马手跃上训练有素的"杆子马"，冲进马群。他突然甩出一杆，套上了一匹烈马的脖颈，围观的人群立即发出了欢呼，大声叫好。还没等套住的骏马醒悟，几个大力士就猛扑上去，用老虎钳般的巨掌紧紧揪住马的耳朵。这匹未经调训的"生个子"马，一头扎地，两腿一个劲儿往后刨地，尥蹶子，弄得尘土飞扬。它挣扎了一阵子，终于显出筋疲力尽的神态，于是，一对青年牧民快步上前，

拿起剪子，快速整剪马鬃马尾。

套马是内蒙古草原上比智慧、比技巧、比力量的一场精彩表演。剽悍的骑手们为显示自己的骑术和马术，最喜欢套烈性马。50多名套马手在马上表演镫里藏身、空中飞马、驾驭烈马、翻身摔马等惊人的技巧。节日盛会还给那些优秀套马手颁发奖状和奖品。

套马节也是对牧业丰收的庆贺，也是一次盛大的畜牧业展览和检阅。牧民们赶来成千上万马匹和牛群，开展集市贸易；国营商店也送来牧民们所需的物品；国家收购站就更加忙碌。

套马节期间，人们聚在山坡上、草坪旁，喝奶茶，饮美酒，看摔跤，观套马。姑娘们引吭高歌，老年人谈天说地，相互祝福。入夜，牧民们又围坐在一起看电影、听说书。人人喜气洋洋，各个欢天喜地。

彝族的插花节

每年农历二月初八是云南大姚县昙华地区彝族一年一度欢乐的插花节。节日清晨，彝族姑娘身穿盛装，手拿篮子，唱着山歌，三五成群地来到昙华山上采集马樱花。大红马樱花满山遍野，盛开的花儿似一张张彝族姑娘的红脸蛋儿。姑娘们在花丛中追逐嬉闹，笑声、歌声在山谷中回荡。这时，在山脚下，欢庆节日的队伍从四面八方汇集到昙华山。各村寨队伍都有几十支长喇叭作前导，一路吹奏，后面是彩灯队、舞狮队、舞龙队，随后是背着米酒、干粮的彝族群众，男女老少嘻嘻哈哈直奔昙华山。人们来到在山脚下密林里的草坪上，就互相插花祝贺。接着男女老幼手拉手，围成圆圈唱歌跳舞。整个昙华山到处是歌唱声、芦笙声、月琴声、笛子声和跳脚声。从白天欢跳到黑夜，从黑夜狂跳到黎明，尽情欢乐，人们沉浸在花海之中，沉浸在幸福之中。

插花节的由来，在昙华地区彝民中有一个古老传说：很久很久以前，昙华山有个残暴土官，在山上营造了一座"天仙园"，强迫彝民按时将自家的姑娘送进"天仙园"。聪明美丽的彝族姑娘咪依鲁，不忍一个个姐妹受蹂躏，毅然前往，施计谋和土官共饮毒酒，为昙华山彝民除了害，献出了年轻生命。咪依鲁的恋人青年猎手朝列若得知消息赶去营救，而咪依鲁已离开了人间。朝列若悲痛欲绝，哭干了眼泪，哭出了鲜血。洁白的马樱花被血染成了红色。当地彝民为了纪念这位除暴献身的姑娘，便举办一年一度的插花节。

节日这天，把火红的马樱花插在小孩头上，祝他们茁壮成长；插在老人的头饰上，祝健康长寿；情侣们互相插花，表示心心相印，心连终生；插在家门上，表示吉祥如意；插在田头地边，期望五谷丰登；插在牛羊额角上，希望六畜兴旺。插花，是美好祝愿；插花，是对生活的热情追求。

瑶族的达努节

每年农历五月二十九日，是瑶族最大的传统节日——达努节。

"达努"，是瑶族话，意为不要忘记。达努节，又称盘古王节、祖娘节。瑶族过节的周期，不一定一年一度，而是根据当地的传统习俗和谷物收成，人畜安康的情况灵活欢庆，有的地方三五年一次，有的地方甚至12年才过一次。达努节的由来，据说是为了纪念瑶族的祖先——密洛陀女神，人们便把密洛陀的生日——农历五月二十九日定为达努节。

节日时，瑶族不分男女老少，都梳洗盛装，喜气洋洋，村寨房舍也全部打扫得干干净净，然后各户自备酒食，赶到预定的地点庆贺。在三到五天的节日期间，大家把带来的食品放在一起，共同聚餐，互敬互让，十分热闹。

节日的活动丰富多彩，其中最有趣的是铜鼓舞，这是达努节主要的民族民间舞蹈。铜鼓全部铜铸，一般的铜鼓鼓面直径约50厘米，高约30厘米，鼓腔中空，无底，两侧有铜环耳，鼓面和鼓身都刻有精致的花纹。每次比赛，必有二男一女出场，其中一男敲铜鼓，铜鼓悬挂在木架上，他按传统的鼓点和节奏边敲边舞；另一男站在场边打皮鼓以伴奏，有的皮鼓手施展绝技，忽儿侧身忽儿反背，鼓声一阵紧似一阵；女的则手拿雨帽在铜鼓手的后面为他捐凉，边舞边捐，两人动作配合协调。各组表演之后，众人争相向最佳鼓手敬酒祝贺，赠送礼品纪念，并赠予美名，誉为鼓王。

节日点放冲天炮更加有趣。人们把事先自制的火药装到一个个小铁筒里冲紧，并装上炮捻，按一定的间隔距离在场地上摆出数十枚，甚至数百枚来，然后由若干名男女对手来赛点。他们同时启点炮捻，看谁在这段时间里点响的炮最多。开始，

观众屏住呼吸，注视着他们点炮，场上鸦雀无声，到火炮炸响时，场上骤然呼声震天，一片沸腾。

节日里有武术表演、吹唢呐、对唱山歌、捉迷藏等种种别有情趣的活动，更增添了欢快迷人的色彩。

白族的祭鸟节

云南鹤庆县西山区的白族，到了清明和冬至这两天，都要欢庆传统的祭鸟节。

清明前后，黄郁坪的茂林中，千万棵野枇杷树上，坠着琥珀样的花絮；殷红和雪白的杜鹃花，也破蕾怒放。这时，鸟雀都飞来了。有的歌唱，有的跳跃，有的在戏水……而白族人民都穿上节日盛装，带着包谷花、荞籽花、剥了壳的松子仁、橡子果、剁碎的洋芋末。切细的萝卜丝，现捕的各种昆虫，陆陆续续汇聚到黄郁坪来。此时，由一位远近闻名的老歌手一声召唤，男女老少便汇集到老歌手身后。老歌手从背包中，抓出一把松子撒向天空，接着便唱起西山区特有的民歌"哈植哝"，其他人也边唱边舞，同时把各种食物，合着歌舞的节拍，抛撒在花间树丛，或者草坪上。吃惯了这种食物的鸟雀，竟飞到人群中来争食。直到太阳当空，人们才陆续回去；让百鸟尽情地享受那些美味。

关于祭鸟节的来历有个传说：在古时，黄郁坪村有个白族妇女，生了 36 个儿女。儿女们长大了，她把 12 个姑娘嫁给了西山区 12 个部落的首领。母亲怕出嫁后的姑娘不好好盘田种地，便派身边 24 个儿子，每隔 15 天由一人去催促她们做农事。后来，24 个儿子变成了 24 只候鸟。它们仍不忘自己的职责，轮流着飞遍各地，呼唤人们烧荒、翻地、播种、除草、灌水、追肥、收割。人们按照它们的鸣叫做着相应的农事，于是年年获得丰收。

后人便把候鸟出现的不同时间，定为山区的 24 个节气。由于候鸟对山区人民有功，山区人民也特别爱护鸟雀，不仅不去捕捉它，而且每到清明前后，当百鸟在黄郁坪的林中求偶、繁殖时，人们反而去抛撒食物。到了冬至时，百鸟南迁，各家各户又炒了包谷花、荞籽花，抛撒在屋前屋后、坡地四周，让过往的鸟雀啄食。久而久之，人们就把清明和冬至这两天定为祭鸟节了。

侗族的花炮节

花炮节是侗族人民一年一度的重要节日。花炮节已有一百多年的历史。据说在清朝光绪初年，广西三江县的富禄已是一个木材集散地，该地商人为招徕顾客，便在每年农历三月初三以燃放花炮来吸引四邻群众。按规定，夺得花炮者，除了获得荣誉外，还有酒、肉、蛋等物质奖励。年复一年，相沿成习，便成了传统的花炮节。

节日清晨，人人穿上新装艳服，打扮得漂漂亮亮，汇集到山坡下，江岸边。随着乐队的唢呐声，侗族人民开始放花炮了。花炮一般放三次，分为头炮、二炮、三炮。旧社会统治阶级给抢花炮蒙上了一层迷信色彩，说什么抢得头炮是财源昌盛，二炮是高官厚禄，三炮是人丁兴旺；如今人们说：抢得头炮是胜利，二炮是团结，三炮是幸福！在每炮都系上一只象征吉祥的铁圈，外用五颜六色的丝线包扎好。主持者一声令下，便点燃火炮，一声震耳欲聋的巨响，把铁圈冲入空中，然后徐徐下落。早已等候的 30 多位壮汉，以小组为单位奋起争夺。他们一忽儿东，一忽儿西；从岸上抢到水里，又从水里夺到岸上；这组抢夺来了，那组又夺了过去。要把这个小小的铁圈送到 20 米远的"主席台"，足足争夺一个小时。观看的成千上万的人群向铁圈夺得者欢呼，表示热烈祝贺。"抢花炮"的活动，不仅是比力气，而且是赛智慧，往往要智勇双全的小组才能夺魁。夺得花炮的选手，分别捧着镜屏及红蛋、甜酒、粽糕等奖品回家去，乐队和群众拥簇着他们，像欢送得胜回朝的将军。

放过花炮后，便开始各种游艺活动：芦笙队比赛芦笙；青年男女有的比赛射击，有的唱歌跳舞，有的互寻对象倾诉爱情；老人则在树下"斗鸟"或谈家常，此外还有热闹的物资交流活

动。入夜，人们兴高采烈地看侗戏、彩调和电影；座座木楼传来动听的"多耶"(侗族的一种民歌)声、琵琶声和直笛声。色彩斑驳的侗家花炮节，白天有白天的风韵：热热烈烈，欢欣鼓舞；晚上有晚上的情调：委委婉婉，耐人寻味。

畲族的抢猪节

在景宁县大际乡的畲族，有一个奇特的"抢猪节"。抢猪节没有固定的日期，但一般在每年的秋收时节选出黄道吉日为节期。

节日第一天，要请来戏班演出，全乡七堡的人们旌旗遮日，锣鼓喧天，去时恩寺接神做客，看戏。整个抢猪节要持续七天。在第七天晚上演出结束后，迎神头要把专为宫里养的猪抬去，单等卯时一到，就杀猪为马氏姐妹（传说中的神，设有马氏仙宫）庆功。而在各个村子里，戏一散人们就回家里，把猪杀掉洗净后，绑在一个可以由两个人抬着走的木架上。吃过夜点后，养猪人家都支起耳朵细心聆听，单等庙中杀猪时的头一声大叫，全村的年轻力壮者便立即抬起猪，好似离弦之箭，从四面八方奔向马氏仙宫。谁最先把猪抬到宫门，被称之为"首猪"，可以摆在宫的正门口。后来到达的猪便依先后次序排放，待七堡八村的猪全都到齐后，各村推选出来的董事们便开始评猪，他们评出本届抢猪节最大的猪和最小的猪。最大的猪被称之为"驮"(大的意思)，最小的猪称之为"昌猪"。这"昌"便是昌盛之意，它包含了一种鼓励的意思，即祝"昌猪"的主人来年养猪昌盛。"首"、"驮"、"昌"三猪确定以后，人们便鸣放鞭炮，为三猪披红挂彩。后生们便抬起神像，鸣炮奏乐，送神回寺。吹唱班还须吹吹打打地把"首"、"驮"、"昌"三猪送回猪的主人家中。其余的猪就各自抬回家中。

卯时过后，杀猪人家请的三亲六眷就陆续到来。亲朋登门，一般必须交一个红包，包内金额多少不拘，主人均一一笑纳，并一概请吃"杀猪福"。午饭过后，亲朋便陆续告辞。此时，主人家便须依客人所送红包额之大小，按当地之市价称一刀肉给客人带回家去。至此，抢猪节便结束了。

一年一度的抢猪节，为大际乡祖祖辈辈的人们增添了无穷的欢乐和希望。

水族的端节

　　水族以农历九月的第一个"亥"日为岁首，叫"借端"。"过端"犹如汉族的春节，是一年中最隆重的节日。

　　"端节"这一天，人们天不亮就起床，他们在堂屋祭祀祖宗后，把一面直径大约60厘米、中空无底、面铸有精致民族图案的筒状铜鼓，悬挂房梁，敲出节奏优美的"当当"响声。这是新年伊始，村寨过端的信号。

　　一听到铜鼓声，寨中父老兄弟陆续来到过端的头一家。喜气洋洋的村民，互祝节日愉快，人寿年丰。接着，众人入座，高举酒杯，在"秀！秀！"(水语：好！好!)的欢呼声中，依次干杯，吃着桌上的鱼和其他菜肴。随后，大家跟在铜鼓后面，挨家逐户地去吃庆贺的年酒。

　　有趣的是，每到一家，主人就拿干鱼、糖果等散发给孩子。儿童们把分得赠品最多视为好兆头：既光彩，又预示这一年万事如意。

赛马是水族过端节的传统活动。有年近七旬的老人，也有六七岁的儿童参加比赛。有的老人虽不参加比赛，也要骑上马到赛马场上遛几圈，以示祝贺。

商业供销部门为了让水族人民过好端节，在端坡、赛马场附近设摊供应各式水族服装、花边、丝绒、绸缎和一些水族特需商品。还有银质项圈、胸牌、腰练、手镯、小米珠等工艺品，种类多，质量好，深受水族人民喜爱。

水族人口有 40 多万，60％以上聚居于三都水族自治县。现在每到端节前后，当地党和人民政府组织慰问团，到 20 多个乡水族聚居的村寨进行访问，同水族人民一起欢度佳节，把党的温暖送到水族人民心间。

佤族的泼水节

每逢佤历六月二十一日（公历 4 月 12 日）是佤族人民欢乐的泼水节。

节日早晨，清脆的火药枪响告知佤族泼水节开始。早餐后，佤族的男女老幼都穿上节日盛装，有的拿着木桶，有的拿着脸盆，小伙子们挑着大桶，姑娘们担着竹桶，争先恐后地涌向山涧去拿山泉水。顿时，人来人往，川流不息，整个阿佤山寨沸腾起来。接着传来了欢乐的象脚鼓、铓声，这就宣告泼水开始。人们唱着歌、跳着舞，互相用脸盆、竹筒、木桶等容器泼洒着山泉水。据说泼得越湿越吉祥。

关于佤族泼水节的来历还有一段传说：很久以前，阿佤群山连续三年大旱，连常青树上的叶子都脱光了，鹿埃松寨的七个姐妹去深山密林找水源。她们翻高山，越深箐，尖石扎破了双脚，刺藤划破了衣裙，但她们不灰心。一天，七姐妹终于在一个岩洞里找到一股凉丝丝的清泉，为了把泉水引出山洞，她们想了许多办法，搬来岩石去堵落水口，但石头都被激流冲走了。于是，七姐妹便一个抱着一个，纵身跳进落水口，用身躯堵住，使泉水流出洞外，最后，可敬的七姐妹化成了七块坚硬、晶莹的巨石，解救了阿佤人民。为了纪念这七个为佤族人民献身的姑娘，每逢佤历六月二十一日，人们都要进行泼山泉水，庆贺新生。佤族的泼水节要过七天七夜。

节日里除泼水外，还要举行打秋千、丢包、耍长刀、射弩比赛等丰富多彩的文娱体育活动。当夜幕降临到阿佤山寨时，寨外大榕树下的草坪上，点燃起一堆堆篝火，青年男女在竹笛、芦笙、三弦的伴奏下，围成一个圆圈翩翩起舞。他们一边跳一边唱，歌词一般都是即兴编的，内容多数歌唱生产生活的变化、爱情和人们对幸福生活的追求与向往。

京族的哈节

　　哈节是广西壮族自治区防城各自治县京族的传统节日。"哈"或"唱哈"，在京语中是唱歌之意，故哈节也称歌节。哈节日期，因地而异。在沥尾和巫头二岛，节期在农历六月初十；在红坎村，节期在农历正月二十五日；在山心岛，节期在农历八月初十。

　　京族人民一年一度的哈节是一个欢快的节日，最主要的活动是"唱哈"。"唱哈"的地点多在"哈亭"进行。"哈亭"是一座富有民族风格的建筑，全用上好的木料建造，结构严谨，外形美观，室内宽敞，是群众"唱哈"的理想之地。在哈节上唱的歌，称"哈哥"，有固定的曲词和歌词，并由专门歌手演唱，平时一般不唱。唱"哈"的角色，通常为三人，一个男歌手叫"哈哥"，主要是持琴伴奏；两个女歌手叫"哈妹"，互相轮流演唱。演唱时，主唱的"哈妹"站在哈亭正堂中间，手拿着两块小竹片，边唱边敲；另一个"哈妹"则坐在一旁，击着竹制的梆子来押拍。持琴的"哈哥"，便依曲调节奏伴和，歌声悠扬婉转，琴音清亮柔和。歌词的内容丰富多彩，有叙述历史人物故事和民间传说的，有表现当代美好幸福生活的，也有歌颂友谊和爱情的，听唱的人们兴高采烈，眉飞色舞，往往听完"哈"后还在哈亭流连忘返。

哈节的由来还有一段美丽、动人的传说：在古代，有位歌仙来到京族聚居地区生活，每天劳动之余，他都热心教群众唱歌。这些歌揭露和鞭挞了封建统治者的罪恶，表达了人民追求自由幸福的热望，深受京族群众的欢迎和喜爱，随他学唱歌的人越来越多，歌声越唱越广。为了纪念这位歌仙，京族人民兴建了"哈亭"，经常在"哈亭"唱歌和传歌。这种歌咏活动代代相传，相传成习，成了"哈节"。

哈节期间，京族人民个个盛装打扮，人人喜气洋洋。歌咏活动持续数天，嘹亮的歌声和喧腾的人群，使京族地区生气勃勃、热气腾腾。

曹族的少年节

曹族是台湾省第四大少数民族，散居在风景秀丽的阿里山区。按照曹族人民长期流传的风俗习惯，男孩从 12 岁开始，都要经过一段时间的特别训练，为期五年，每期入训和结训都要举行一次具有传奇色彩的盛大庆祝仪式，这就是台湾曹族的少年节。

少年节上的入训仪式在春暖花开的农历三月举行。这天天一亮，男人们全副武装，手持长矛，将一空旷的广场团团围住。女人们穿着节日盛装，花枝招展，簇拥在场地外围。仪式开始时，一只膘肥体壮的大猪被放进场地中央，男人们持长矛兴高采烈大声呼喊着猛刺猪，受伤的大肥猪在场内拼命奔逃，直到被刺死。人们将猪血涂在矛尖上，插在场地四周，然后将猪肉当场煮熟，和米糕一起分给所有男人。领到食物的男人们迅速跑进公廨——受训少年寄宿之地，唱着节日歌曲，在那里会餐。当晚，全族男女老少在广场举行盛大宴会，歌舞狂欢，直到深夜。

　　少年节入训仪式结束后，受训的孩子们就离开家庭，寄宿在公廨里。受训内容包括狩猎技术、猎具制造和使用、山地武艺以及礼节礼貌等，并进行野外狩猎实习，猎物带回营地归全体人员共享。少年们在营地学到了曹族人民的传统美德和一生所需的各种基本技能。

　　经过漫长的五年受训，要进行传奇式的结业考试，及格者准予毕业。凡领到毕业证书的就标志着已成年，回家后便成为族中的正式成员，会受到人们的尊重，并能成家立业。所以，曹族少年节是曹族人民十分重视的最隆重的庆祝活动，是每个曹族少年必须过的一个重大的生活课题。

布依族的跳花节

布依族每年农历正月初一到二十一日，是传统的跳花节，人们也称之为跳花会。

跳花节一般设在平坦的大草坝上。节日的第一天早上，布依族人民身穿民族服装，骑着骏马，骏马身上扎着红花红绸、颔下系着铜铃，马鞍两侧还缚着装满粽粑、腊肠、红糖和芭蕉等食品的花篮，翻山越岭来到平坝参加盛会。

节日牛皮大鼓咚咚直响，这迅雷般的鼓声宣布盛会开始。在这里，人喊马嘶、笑语喧哗。在锵锵的铙钹声、悠悠的木叶声中，一群群青年男女，翩翩起舞，唱着情歌和古歌；有的则坐在河岸边吹"嘞友"、弹月琴，彼此表示真挚的爱情。倒影摇曳，别有风味。

参加节日的人们兴致勃勃地观看精彩的布依戏。演出内容丰富多彩，大多是布依族的英雄和人民战胜"山鬼"、"水怪"等妖魔夺得丰收的故事。这些剧目从一个侧面反映了布依族人民对新一年的祝愿。当火红的晚霞撒在桐林的花苞上，人们还流连忘返不愿离去。

在节日期间，青年男女在草坝上播种了爱情。到盛会结束后的头一天，即二十二日是"牵羊"之日。顾名思义，就是年轻人私订婚约后，在此日要把"羊"——姑娘，带回家去相亲、相家，男方瞧瞧姑娘，姑娘看看男方家境，以决定终身大事。各寨上这天女宾特别多，也特别热闹。相亲的姑娘害羞得哪里肯跨进对象家的门坎，只不过在寨子后面的山头上、丛林里，偷偷看一看对象家坐落何方罢了。至于满意不满意，还是两人的情感起决定性作用。

过了节期，布依族人们就转入繁忙的春耕生产——翻土、点包谷、栽甘蔗、撒早稻秧、加基肥等等。这时，谁还游手好闲，人们就会瞪他白眼，骂他"克拉"——懒汉。布依族人有句谚语："懂得忙的人，才是懂得玩的人。"

景颇族的尝新节

尝新节是景颇族的传统节日。这是在每年谷物成熟收割后举行的一种祭典，仪式十分庄严、隆重。

节日开始时，各部落、村社的群众都齐集在部落酋长、村长家里。首先推选出一位懂得道理，深受群众尊敬的老年妇女担任尝新代表。担任收取尝新谷物的老年妇女要身穿盛装，用于盛装稻谷的竹篮四周要用玉米、豆类、高粱以及五颜六色的鲜花点缀，在收来的稻谷上面要用大园的青叶覆盖。收取好尝新的谷物后，都背到部落酋长或村长家里，先由老年妇女用锅炒，炒好后由姑娘用手碓舂，再把舂好的米用姜拌和。接着由祭司——董萨，主持祭祀，感谢各种神的赏赐丰收，祝福村落成员平安无事、身体健康。祭后，"董萨"将用青叶子包好的小包新谷和菜丢给野精灵分享，御防野精灵抢吃祭品。

尝新时，全村男女老少都参加，每个人员都可以分到一小包新米。在酋长、村长举行完尝新仪式后，群众才能正式开始尝新。在尝新节时还要举行"谷魂仪式"，即祭谷堆，并为运谷进入仓库而祭祀。

在尝新节时，由酋长、村长同时主持举行木代祭。木代为主宰万物的精灵。跳"木代总"，要在舞场中心立木牌四块，四块木牌中间立一个大的木桩。人们围绕木桩欢歌群舞。男舞者手持铁矛、长刀，女舞者持扇子。通过跳"木代总"祭祀木代；通过舞蹈祈求人丁兴旺、生产繁荣。"董萨"是祭祀舞的组织者和领衔人，跳"木代总"时，"董萨"头戴缀有羽毛的高帽，身穿长袍，给人一种神圣、威严的感觉。"董萨"起舞，群众也翩翩歌舞。在村头广场上，人们沉浸在丰收的喜悦中，互相祝福，祈求来年取得更大丰收。

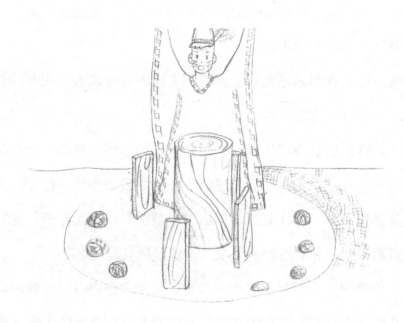

哈尼族的祭母节

祭母节是云南新平县卡多山区哈尼族的一项有悠久历史的活动。它有专门的地方祭祀，哈尼语叫"东坝"，故也叫东坝祭母。每年农历二月属牛日，卡多山寨一般都不搞农事活动。早上，各寨都要安排小伙子捕雀打鸟，妇女拿鱼，还留人杀猪宰羊。中午，各家按一个儿子缴大米和酒各一市斤给经办人。连同早上捕捉到的东西，便着手备办宴席。太阳偏西时，大家聚集在祭母树前，当主持的长者宣布开始祭祀，大鼓和链锣齐鸣。接着，大家便齐唱《思母歌》。歌唱完了，全寨入席饮酒吃饭。

东坝祭母节实际上是进行一次传统的道德教育。它是有来由的：

相传，从前，哀牢山卡多寨子有一个寡妇领着一个儿子过活，母亲把儿子视为掌上明珠。孩子长成壮小伙子后心肠可坏了，他上山干活，要母亲送饭，饭送早了，他就破口大骂；送迟了就动手便打。一天早上，儿子看见一只老雀给全身光秃秃、张着大嘴唧唧喳喳要食的小鸟喂食的情景，深感内疚，下决心痛改前非。这时，正好母亲送饭来了，他急忙迎上去。老人以为儿子又要来打，放下篮子，转头就跑。她十分伤心，心一横便跳下河。儿子赶到，连忙也跳进河里，但只捞到一筒木头。他把木头扛回家，雕成母亲的像供在门前的台子上，天天祭祀。据说这天是二月的属牛日，因此"祭母"的日子就定为这天。人们认为这种做法很好，"祭母"活动也就兴起来了，并且各个村寨都指定了一棵树作"母亲"的化身，在那里祭奠。久而久之，便形成了"祭母节"。

崩龙族的采花节

采花节是居住在云南省潞西地区德宏、临沧和思茅等地崩龙族的传统节日。这个节日寄托着人们向往美好、追求幸福的心愿。

采花节的节期在每年清明举行。这天清晨，各村寨以鸣锣为号宣布节日开始。崩龙族男女老少都穿上漂亮的民族盛装，戴上华美的装饰，然后提起花篮，挎起简巴——一种编织得很精美的挎包，上面绣有各种图案。迎着一路春风，谈谈笑笑，边歌边舞，到附近山林里采花。

花山花林沐浴在金色的阳光里，到处是琳琅满目、艳丽馨香的鲜花，五彩缤纷的蝴蝶在花丛中飞舞。漫山遍野都是采花的人们。红山茶像花山上的朵朵火焰，白素馨像花海里的浪花飞卷，丁香花在春风中点头微笑，迎春花似颗颗星星。万花丛中，崩龙族人民最喜爱丁香花，她的清香沁入人的心脾。恋人们均以丁香花互赠，表示永不变心。

　　一路采花一路歌，当花篮里盛满鲜花时，青年男女便汇集到幽静的林间草地上举行歌舞会。年轻人在象脚鼓的悠扬旋律里，频频起舞，姑娘们旋舞的筒裙像朵朵鲜花盛开，飘舞的围巾像轻盈的彩云，点缀得花山花林格外艳丽；激越的歌声在山林中回荡。在这迷人的时刻，爱情的浪花，也欢涌在许多小伙子和姑娘的心海里。

　　采花节这天，人们互相赠送鲜花，互相祝福，并用鲜花点缀自己的房舍和村寨。在村寨广场和十字路口，用五光十色的鲜花堆砌成各色各样的图案。整个村寨遍地是五彩缤纷、奇异多姿的鲜花。清明采花节这天崩龙族的村寨，犹如一艘停泊在绿波花海中的巨轮。

布朗族的山抗节

4月15日是布朗族的传统节日——山抗节。为了迎接节日，13日开始，村村寨寨大搞环境卫生，彻底进行大扫除；各家各户都除虫灭害，洗晒衣物；每个人也都在这两天搞个人卫生，泉水、溪边和自来水旁，挤满了洗澡的人群。有的人家还烧热水替老人、小孩洗澡。过去这里是有名的瘴疠之乡，每年都有不少人死于霍乱、疟疾等传染病。新中国成立以来，这里的人们逐步形成了卫生习惯，节日期间大搞卫生已成为自觉的行动。如今，群众健康水平明显提高了。

节日的这天清晨，青年妇女就开始向寨子里的老人送礼。礼品主要是糯米粑粑、鲜芭蕉和春茶，送给男性老人的礼物要加一支香烟。礼品都用芭蕉叶包扎好。在送礼的时候，很恭敬地递给老人，并祝节日愉快，健康长寿。

山抗节的正会是全寨群众都集中在一起表演传统的武术、音乐节目和民族歌舞。每一家人都要准备一包糯米饭和一碗菜，然后拼凑起来吃一顿"团结饭"。有的村寨会场上的菜花样有30多种，米饭就有六七种，简直成了"什锦菜"和"八宝饭"了。这些菜肴中有青年们猎回的麂子、野兔、山鸡等野味，也有各种凉粉、豆腐和咸菜。这些菜摆放好后，老年人和部分青年人围成一大圈，品尝各碗菜饭，并唱起"祝酒歌"，祝大家团结互助，争取来年取得更大丰收。

相传，历史上的山抗节，是一种在种谷前祭造山神祈求丰收的节日。后来布朗族人民对它做了改变，宗教迷信的内容消除了，便成了一个春耕誓师和群众性的卫生、敬老、文娱、体育的团结盛会，成了一个欢乐的节日。

高山族的丰收节

丰收节是高山族的传统节日，也称收获节、丰年祭、丰收祭、粟祭。该节在每年秋收后择日举行，时间一般为 3～5 天。丰收节中，属"五年祭"最为隆重，每隔五年秋后举行，前后可持续 1 个月之久。

节日前停止一切活动，杀牲备饭，精心准备节日礼物。节日里，人们穿起盛装，妇女们戴上手铃、手镯，颈上挂着珠串，头上插着鲜花；男子喜欢在腰上佩带一串铜铃，有的用美丽的野鸡尾做成羽冠戴在头上。祭祀时，人们牵手环绕成圈，引吭高歌，顿足为节，边唱边舞，庆贺丰收。高山族最优美动人、最有代表性的是拉手舞。它是以大家共同携手且歌且舞为主要特点的。舞时，参加人数不限，有男子群舞，女子群舞，或男女混合群舞，舞蹈形式活泼，通常由一个能歌善舞者领唱，众人合唱，气氛热烈。拉手舞的歌词有歌颂祖先的、赞美英雄的、祝贺丰收的、鼓励生产的、歌唱团结友爱的。

晚餐时，人们摆开自带糯米团、酒肉欢聚在村社广场上，边吃边唱，酒酣则纵情歌舞。到夜晚，升起熊熊篝火，歌舞更加热烈。歌声悠扬嘹亮，"亲人啊，我们要欢庆节日，共庆美好的团圆！"、"亲人啊，我们台湾岛上有最好的米酒，敬请您喝上一杯！"、"祖国啊，我们都是炎黄子孙，世世代代生活在一起！"动人的歌词，充分表达了台湾人民希望祖国统一、人民团结的强烈愿望。

节日里，男女青年各自选择意中人。小伙子如果看中了姑娘以后，自己便插在这姑娘旁边对唱情歌，或是一起跳舞；也有的姑娘以送荷包、槟榔等物表达自己的情意。整个丰收节充满着热烈欢快的气氛。

傈僳族的刀竿节

刀竿节是云南腾冲、盈红县一带傈僳族的传统节日，相传已有 500 多年的历史。

阳春三月，杜鹃花开得正艳。刀竿节的序幕在一片欢呼声中揭开了。傈僳族男女老少穿着艳丽的节日盛装，跳着民族舞蹈——三弦舞，从四面八方赶来聚会。刀竿节的主要节目有"跳火海"和"登刀梯"两项。

节日第一天傍晚，炊烟四起，铓锣声声，羊肠河畔的刀竿节场地上，一堆大火熊熊燃起，一群傈僳族男女群众手挽手，拉成一个大圆围，绕火堆跳起舞来。当栗柴明火燃尽剩下通红的木炭时，节日的主持者宣布"跳火海"开始。只见 8 个剽悍的傈僳族汉子赤着双脚，快步跑入场地，一个跟着一个纵身跳入火海，快速地跳跃前进，在火中敏捷地打筋斗、翻身、滚扑，搅得火星四溅，煞是好看。接着，双手拿着通红的火炭，在身上、脸上快速地搓揉着，进行一场真正的火的"洗礼"。直到这大堆火炭被踏成碎屑，火焰奄奄一息，跳火海才结束。观众悬着的心也才放了下来。

节日第二天上午 10 时，成千上万的观众已把藤篾框起的场地围得水泄不通。场地内，20 多个傈僳族汉子正在捆扎刀竿：他们把 2 棵 14 米多的红木树杆像楼梯似的并排放在一起，中间用 36 把傈僳族长刀作横挡，用竹子和藤篾把它绑牢，刀刃向上，寒光闪闪，其中有三蹬架成剪刀形。树杆上系着红、黄、绿色的纸花，十分显眼。太阳当顶，鼓、锣、铓齐鸣，在主持者的指挥下，傈僳族汉子喊着有节奏的雄壮号子，把刀竿缓缓竖直，四周用水广藤拉紧固定。一时，鞭炮声声，号角呜呜。

头天晚上跳火海的 8 个表演者缠着红布包头，身着红袍，打着

光脚板，健步来到刀竿下。饮完一大碗白酒，随即纵身跳上刀竿，他们鱼贯而上，用双手紧握上层的刀面，将赤脚斜放在锋利的刀刃上，手脚交替，勇敢、机智、灵巧地攀援而上，爬到竿顶时，还做高难度的倒立动作。几千观众仰面观看，无不瞠目结舌，赞叹不已。扣人心弦的"跳火海"、"登刀梯"表演，表现了傈僳族人民勇敢、豪放的性格。

土家族的花儿节

每年农历六月六，是土家族一年一度传统的花儿节，也称花儿会、山歌节或少年节。花儿节是流行于甘肃、宁夏、青海等省区的一种唱山歌、对山歌盛会。节日期间，除土家族外，回族、东乡族、撒拉族、保安族等少数民族都赶来参加节日活动，聚集在一起赛歌。

节日的来历还有段美好的传说：在古时候，有五个土族姐妹，她们不但相貌美丽，而且歌喉像铜铃般清脆，只要一唱起"花儿"，飞鸟就收起翅膀，云彩不再游荡，江水不再流淌，蓓蕾马上开放。许多年轻小伙子，从四面八方慕名赶来对歌，唱了十天十夜，还是唱不过这五朵金花。第十一天早上，在太阳升起的地方，飘来五朵绚丽的彩云，把五姐妹卷走了。后来人们说，土族五朵金花变成了"花儿仙子"，天天为玉皇大帝唱"花儿"。人们为了纪念她们，土家族就规定每年农历六月六，举行歌手对唱，年复一年，便形成了传统的花儿节。

节日这天，各族人民穿着艳丽的服装，骑着自行车，坐上拖拉机，赶着毛驴，带上帐篷、焜锅（大饼）接踵而来，参加者数千至十余万不等。男女青年三五成群对歌，用"花儿"歌唱祖国、歌唱劳动与爱情，也唱脍炙人口的历史故事。"花儿"都是即兴而编，声调高亢舒长，内容分抒情、叙事两类，形式有独唱、对唱。歌声沟通了人们心灵感情、振奋了精神。

入夜，人们围着熊熊篝火继续歌唱，很多男女青年彻夜不眠，仍以饱满的情绪、嘹亮的歌喉对唱，从而播下了爱情种子。

花儿节会期一般五天，人们直唱到节日结束，待到太阳落山，才恋恋不舍相互告别。花儿节成为我国特有的音乐节，歌声交织成一个巨大的音乐海洋。

普米族的年节

年节是普米族一年一度传统的隆重节日。一般要过三五天。

普米族是一个古老的民族。据记载，普米族源于我国古代游牧民族，居住在青藏高原，后来逐渐南迁到川、滇边境地区。如今云南的兰坪、宁蒗两县，是普米族主要分布的地方。宁蒗的普米族，以腊月初七为除夕，初八为岁首。节日前，各家各户要大扫除，准备年货。除夕这天晚上，要吃团圆饭，每家都在院内、大门外、屋顶上栽插青松，以示四季常青，兴旺发达。当夜要留人守岁，鸡叫头遍，顿时铜炮声四起，海螺号"嘟嘟"响彻寨子上空，以示报岁。接着家长主祭房头，祝愿平安吉祥，五谷丰收。青年男女跑到溪边舀水，以最先取得净水为吉祥。祭毕，家人团聚吃酥油糯米饭。家中有年满13岁的男女儿童，还要举行隆重的"穿裤子礼"和"穿裙子礼"。

年节期间，亲朋互相拜年祝福。青年们举行打靶、赛跑、赛马、捉飞鸟、打秋千等娱乐活动。儿童们到附近青山里去游玩。节日里，男女青年各自带着炒爆的包谷、青稞、小麦、麻子等到山上举行"灭虫"仪式，在一个大簸箕里，放进各种爆花，姑娘们把各自的手镯埋在爆花里，爆花当做"小虫"，手镯当做"大虫"。人们围着簸箕吃爆花，象征消灭"小虫"，谁的手镯先露出来，大家便用手指在她的手背上弹一下，示意"大虫"也被消灭了，从而这一年的庄稼再不会发生虫灾。

节日最后一天，人们盛装打扮，扶老携幼上山露营，举行篝火晚会，青年男女们唱歌跳舞，尽情欢乐。

拉祜族的扩塔节

扩塔节是拉祜族一年一度的盛大节日，"扩塔"是拉祜语，译成汉语便是"春节"。

节日前，拉祜族家家户户进行大扫除，室内室外收拾得干干净净，整个寨子焕然一新。村寨里，每户春碓，春好的粑粑要拿一些摆放在黎杖、砍刀、锄头等农具上，意思是它们在一年的农事活动中与主人合作，付出了辛劳，此刻应和主人一起分享节日的快乐，同时也是期望它们在新的一年里协助主人创造更多的财富。

节日活动共有九天，分三个阶段。第一段从初一到初四。初一这天是富有情趣的接新水活动。凌晨，雄鸡的第一声啼鸣过后，青年男女便冲出家门，争先恐后地奔到泉边去接新水，认为一年之始，泉水最新最纯，吃了能使人获得幸福，消灾免病，益寿延年。能第一个接到新水的，则是最幸福的。这一天，人们都在家里不外出串门。初二上午人们便带上粑粑、挂肉和酒之类的礼品走亲戚拜年，互相祝贺、问候，畅谈新的一年打算。从初二下午开始，以后几日的主要活动是跳拉祜族群众喜闻乐见的芦笙舞，这成为庆祝事业兴旺发达的群众活动。

第二段活动从初八至初九两天，拉祜族称为小年。传说，过去男子出门狩猎，春节没有赶回家来，故用这两日补上。

第三段活动是十三至十五日。至此扩塔节活动结束。三个段落中的六天间歇时间，人们照常出工劳动。

独龙族的卡雀哇节

卡雀哇节是独龙族唯一的一个节日，一年一度在冬天举行，相当于汉族的春节。

在卡雀哇节日来临之前，独龙族妇女筹备起丰盛食品，还要给大人小孩赶制新衣；男人们则进入深山老林狩猎，获得足够的野味以欢度佳节。

过卡雀哇节最隆重的仪式要算是古老的、传统的"剽牛"祭祀了。

节日期间在村寨的广场上举行剽牛仪式。由寨子里德高望重的家族长把牛拴在广场中央的木柱上，由一位年轻妇女把珠练挂在牛角上，再挑选村寨中最美丽的女子，让她先披一块鲜丽的麻织物，然后再披到牛背上。准备工作完毕后，由专门挑选好的一位勇敢的年轻人来剽牛。当锋利的竹矛剽入牛心脏时，广场上围观的人们欢声雷动，掌声不绝，并跳起欢乐的牛锅庄舞，并挥舞刀、弓，敲起铓、锣。最后，凡参加剽牛仪式的人都平均分得一份牛肉。

剽牛仪式结束后，大家喝酒聚餐，互相祝贺，共庆佳节。同时，还用荞面做成动物模型，在竹竿上挂起麻布来，祈求人畜兴旺，作物丰收。

独龙族的剽牛祭祀活动由来已久。据云南江川县李家山第一类古墓中出土的一件2500年前剽牛青铜器上观察，被剽之牛身上披着的带图案的织物，与独龙族在近代剽牛时，给牛披的同类织物的图案十分近似，足见这种古老的习俗沿袭之久。

仡佬族的拜树节

每年正月十四日是广西隆林地区仡佬族的拜树节。

节日的早晨，各家各户忙着准备拜树的礼品——上好的纯米酒1～2千克，肥猪肉四五十块，新鲜的糯米饭2～3千克，半个巴掌大的红纸四五十张，散装鞭炮若干。临近中午，家里人不论大小，两人一组，带上礼品，扛上锄头和柴刀各一把，分别由近到远举行隆重的拜树仪式。

对不同的树木有不同的拜法。如拜果树时先燃放四只鞭炮，表示向树拜新年来了。随后，一人持刀要先后将树身轻轻砍三刀。砍前，一人问：果子大不大？另一人答：大！才砍第一刀。接着问：果子甜不甜？甜！又砍第二刀。然后问：果子落不落？答：不落！最后砍第三刀。刀口成"嘴巴"状。迅即将糯米饭往"嘴巴"里喂，又喂肉一块，再喷一口酒。这就意味着果树酒足饭饱了。接着贴红纸一张，表示"春天来了，万木峥嵘"。最后，用锄头刮掉树根周围的野草，培一下土，仪式才告结束。

若不是果树而是其他树木，"拜"时，只有问话、答话的不同——砍第一刀前，问：长不长？答：长！要砍第二刀，先问：高不高？答：高！剩下第三刀，先问：倒不倒？答：不倒！除此之外，其他做法都相同。

拜完房前屋后的果树和树木后，就去远处的山上拜。拜时，并不逐棵拜，而是选择一棵高大的树木作代表来拜。如有些人家人力不够，有困难时，人力多的人家就会主动地帮拜，直到大家都给树木送完礼品才吉祥。

拜树节后没几天，全寨群众就自发地开展植树造林活动。拜树节实是保护树木、绿化大地的一种优良风尚习俗。

仫佬族的衣饭节

每逢农历闰年立冬日，是仫佬族的衣饭节。据说，在古代，仫佬族里有个力大过人的罗义，率领乡亲们降服百兽，保护了庄稼。罗义的女儿罗英驯野牛耕田，这样，仫佬人田地越开越多，庄稼也越种越多，人人有衣穿，个个有饭吃。人们为了纪念罗义和罗英父女俩的功德，每逢闰年十月立冬日，便村村寨寨聚会歌唱，把这一天定为"衣饭节"。

每逢这个节日，仫佬人除了杀猪、杀鸡、宰鹅、包粽粑之外，还请来唱师，敲锣打鼓，唱歌跳舞，非常热闹。歌舞的地点是在本房族的各户人家轮流安排的。事先，大家选出最丰满最长线的糯稻谷穗，用彩带系起来，挂在演唱地点的墙壁上；堂屋中间，摆上一张大桌，桌上摆满用芋头和红薯制成的大大小小的水牛、黄牛模型。人们在一个个芋头或红薯上，竖插四根香梗作为牛腿，一头插上两颗弯弯的猪獠牙作为牛角，另一头安上几条棕丝作为牛尾巴。用芋头制作的算是水牛，用红薯制作的算是黄牛。另外，桌面上还摆有一盘五色糯米团。饭盘的周围又一圈一圈地摆设有甜酒、芝麻、黄豆、花生、胡椒、沙姜、八角等12种食品，五光十色，表示五谷丰登，六畜兴旺。

节日里唱师演唱时，一会儿拿起一根金竹鞭向那"牛群"挥舞，一会儿托着那盘五色糯米饭围桌而跳，同房族的兄弟姐妹、亲戚朋友，便坐在周围观看，有的敲锣击鼓，有的手舞足蹈，有的引吭高歌，欢庆当年农业丰收，祈祷来年风调雨顺。衣饭节从头一天清晨开始，直到第二天天亮结束。完后，将谷穗和耕牛模型分给各家各户，男女老少高高兴兴地各自回家去，满怀信心地开始新的耕作。

阿昌族的会街节和窝乐节

　　会街节是阿昌族人民的一种传统节日，主要是人们进行物资交流，青年男女进行社交和表达感情的机会。在会街节上，首先映入人们眼帘的是阿昌族民间艺人制作的白象、青龙。一般用竹木编扎，彩纸裱装，活灵活显，表现出阿昌人民的勤劳智慧和对幸福生活的憧憬。

　　阿昌族人民崇拜白锡，节日上最吸引人们的是阿昌男子围绕白象欢跳的象脚鼓舞。这也是显示技能的好机会。他们边敲边舞，鼓声时缓时急，节奏明快，还不时伴有晃鼓、甩鼓、摆鼓的花样动作，刚劲洒脱。当人们的欢乐情绪达到高潮时，敲击出的"镲镲"声和欢笑声融在一起，表达了阿昌族人民坦荡的心胸和对丰收的喜悦。

　　每年的农历正月，云南省德宏傣族景颇族自治州梁沙县阿昌族人民都要在安好的村寨，举行纪念阿昌人始祖遮帕麻和遮米玛的"窝乐节"，感谢两位的大恩大德。据传说，开天辟地的遮帕麻和遮米玛为了拯救人类，让人类安宁幸福，用勇敢和智慧战胜了给人类带来火灾和旱灾的恶魔腊訇，又用"鬼见愁"把它毒死，劈成万段，使人类获得了新生。

节日这天，男女老少身着盛装，如痴如醉地围绕窝乐公坊转圈。时而，把束束鲜花和一碟碟良肴佳果虔诚地祭献在"窝乐"台中央并相矗立着两块牌坊，左牌坊顶端绘着光芒四射的太阳，右牌坊顶端绘着蓝空皎月，中间耸立着一把巨大的木刻满弦弓箭，称为"神箭"，标志着阿昌族的始祖遮帕麻用此箭身落了妖魔腊訇的假太阳，恢复了大地万物生机。

纳西族的灯节

　　每年正月新春，纳西族总要举办一年一度的灯节。灯节，当地人也称灯会。

　　灯节期间是人山人海，热闹异常。灯节有城区办的，也有乡区办的。乡区的灯节所表演的节目是本民族的故事，讲的是纳西语。如《阿纽梅说笑》、《老寿星牧鹿》之类。"牧鹿"中的老寿星，戴着满脸笑容、一团和气的面具，笠帽、蓑衣、草鞋、牧鞭，他边走动，边看着马鹿同白鹤打交道的情景，引人发笑。鹿、鹤是篾编纸糊的灯，色彩很鲜艳，斑毛都逼真，人在里面支配动作，露出来的脚，也与所演的成为一体了。处处亲切和谐，给予人们无比愉悦的感觉。同时还演出《龙戏夜明珠》、《麒麟凤凰舞》、《狮子滚绣球》等等。

　　在灯节每个主场演出之前，先有许多五光十色的云灯舞动。舞动云灯的，都是天真活泼、装束华美的幼童，他们的舞姿、步法都是素有训练的。

最引人注目的是舞龙灯。当龙身摇摇摆摆地进入场内时，锣鼓喧天，爆仗四起，四周围观群众无比喜悦。龙头非常巨大，龙节越进越长。龙角、龙鳞、龙爪，都觉闪光矫健。一颗鲜红透亮的夜明珠，不停地滚动在张着大口的舞龙面前，忽即忽离，不即不离，极尽灵巧之能事。

灯节期间，年轻人还高歌欢舞。灯节之夜，景致是异常壮美的，是一片灯的海洋、火的异彩。人们观赏了灯节迷人的夜景后，和亲友围坐在家里，吃着佳肴，谈笑畅饮，心中充满了欢乐之情。

毛南族的放鸟飞节

　　每当春节将临，毛南族山乡各家各户都纷纷上山采集菖蒲叶。晚上各家父母便在灯前精心编织起来。菖蒲叶的织品形状甚多，有硕大肥壮的鹧鸪，有轻盈敏捷的春燕，有长颈秃尾的鹭鸶，也有细头长尾的山鸡等等。

　　除夕这天清早，各家主妇先给"百鸟"的空腹灌上香糯，有的还拌上饭、豆或加芝麻芯。下午煮熟后，先给家里的小孩每人分一只，其余十数只用麻绳系上，用一根甘蔗把它们的提耳串起来，间隔均匀地摆着。掌灯时分，再把串着百鸟的甘蔗横挂在香火堂前，这叫"槽鸟"。接着还在香火堂前摆着一排广柑、橙子等鲜果。两端各放一碗红糯米饭。各垒一个锥形体的粽子塔，塔上点着清油灯。这些东西有寓意——槽鸟，表示冰封大地，百鸟封巢；鲜果、红糯饭象征新年果实累累，五谷丰登；粽塔寓意谷垛如山。

　　"槽鸟"从除夕晚上开始，持续半个月，直到正月十五。

这天早上，吹熄清油灯，搬下香粽塔，剥好红果品，重蒸糯米饭，砍断甜甘蔗，再煮百鸟群。下午，把香火堂打扫得干干净净，然后鸣炮迎春，全家同进节日的最后一次盛餐。当餐就用"百鸟"当饭，果蔗解腻，这就是"放鸟飞"节的最后仪式。

基诺族的打铁节

每当农历十二月，居住在景洪县北部山区的基诺族人民都要过隆重的"打铁节"，基诺语叫"特毛且"。

"特毛且"由来已久。相传，很久以前，有个基诺妇女婚后怀胎9年零9个月，一直生不下来。她请巫师施术也无济于事。过了几天，这个妇女痛得坐立不安，汗如雨下。过了一个时辰，肚子里的小孩咬断了她的七根肋巴骨，从肋下跳出来，一手拿着火钳，一手拿着铁锤，一出生就打起铁来了。从那时候起，基诺人开始使用铁器了。据说，后来基诺族就有了"打铁节"。

打铁节是基诺族节日中最隆重的神圣节日。节日的时间各寨不统一。基诺山过去存在阿细、阿哈、鸟攸壳三个不同的氏族部落，每个氏族都有各自的父寨、母寨，不同氏族内的父母寨先过打铁节，而后儿女寨再过。过节日期根据气候节令决定。当美丽的白花树在山间盛开，寨子的卓巴（寨母）、卓色（寨父）家敲起被认为神器的牛皮大鼓，这时全寨人都首先集中到卓巴、卓色家，等候卓巴、卓色分配过年时的准备工作。先由寨子的各家各户凑钱买水牛，准备举行剽牛仪式。再由卓巴、卓色指定剽牛人"巴啰"（一般是外寨人）。然后，每家每户出一人持着弓箭，背着火药枪，上山捉黄嘴老鼠两对，捉来后献给寨父、寨母，作为儿女孝敬寨父、寨母过节的礼物。此外，还要上山捉竹鼠一对，送给打铁匠，作为春耕砍树仪式的礼物和使用铁器的纪念。

维吾尔族的萨依勒节

　　萨依勒节是新疆南部维吾尔族的传统节日，"萨依勒"是维语，意为游玩。

　　萨依勒节每年举办三次：在五月间春耕之后举行玫瑰花萨依勒；在六七月间举行果园萨依勒；在八月夏收结束，哈密瓜、西瓜熟了之后举行甜瓜萨依勒。

　　甜瓜萨依勒是最为热闹的游玩节。那时节，夏收结束了，田间闲歇。人们就穿起了新衣裳。小伙子们穿着白色的或方格子花布的衬衣，有时腰里还系上宽宽的腰带；姑娘们则穿着各种印花图案的艳丽的连衣裙，外罩青色镶了花边的小坎肩，还用乌斯曼草仔细地描了自己的眉毛。小女孩们则把头发按自己年龄编成许多小辫儿，披散在肩上。连老头儿也戴上绣着巴旦木图案的小花帽，老太婆也披上了深咖啡色的厚大的头巾。于是，全家人高高兴兴地乘坐一辆马车，或分骑几匹小毛驴，带着馕，篮子里装满苹果、葡萄和梨，麻袋里装满哈密瓜，怀里抱着热瓦甫，忽隆忽隆地弹拨着，一路歌唱，来到风光优美的场所聚会。他们在树荫下歇了牲口，铺上毡毯，一边吃，一边相邀歌舞。晚上，就更热闹了。篝火熊熊，乐器铮铮，歌声阵阵，大家跳起了麦西莱甫，那是集体性的民间舞蹈。人们用热烈欢快的聚会来抒发夏收后的喜悦心情。

哈萨克族的阿肯弹唱节

　　阿肯弹唱节也称阿肯弹唱会，这是哈萨克族人民美好而欢乐的节日。阿肯，是哈萨克族民间歌手的通称。

　　一年一度的阿肯弹唱节，在每年盛夏举办。届时哈萨克人民聚集在开满鲜艳夺目的百花盛开的草原上，扎好帐篷，选好赛场。当一轮红日喷薄而出，人们便汇集在一起。按照哈萨克族的习俗，痛饮醇香酸辣的马奶酒之后，方能引出歌儿似奶流。当马皮口袋里的马奶倒进一只只金边花碗时，人们的兴致来了，一位德高望重的老人致开幕词，宣布阿肯弹唱节开始。冬不拉的琴声在草原上起伏悠扬，在峡谷里回旋荡起。"奎巴斯"这支古老而庄重韵序曲，划破了寂静的原野。参加盛会的阿肯们，都是各地选出来的经过千锤百炼的优秀歌手，他们之中有饱经风霜、年过花甲的老艺人；有朝气蓬勃、初露锋芒的年轻小伙子；有金嗓银喉、歌如流水的姑娘们。四方歌星，济济一堂，各显神通。阿肯们怀抱小巧玲珑的冬不拉，纵情地边弹边唱，乐曲时而似千军万马气势磅礴，时而又像小河流水平静流淌。一支支歌像一股股清泉流进每个哈萨克人的心田，焕发着他们的热情和兴奋。

阿肯弹唱节一般历时十天左右。盛会上，阿肯们弹唱的形式多种多样，有独唱，对唱，合唱；唱词内容丰富多彩，有古曲唱词《赛利哈与萨曼》、《那吾尔孜依巴特尔》等，也有现代唱词，更有触景生情的即兴编词唱词。比赛时，各方互问互答，能坚持唱到最后唱得在理的为优胜。节日最后一天是颁奖会，这是节日高潮，大会发给优胜者奖状、锦旗和奖品，并举行哈萨克族传统的赛马、叼羊、姑娘追、摔跤、拔河、打靶等体育活动，人们更是纵情弹唱，用歌声助兴。

鄂温克族的篝火节

　　大兴安岭的贝尔茨河畔，以狩猎为主的鄂温克族总要举办一年一度的篝火节，这是庆祝狩猎丰收的欢乐节日，是以散居为特点的猎民们相聚的盛会。

　　每当春夏猎季过去，猎民们把猎获的猎物驮到交易点上。换回粮食、衣服和烟酒以后，所有的猎民就都赶着驯鹿集中到头一年预定的地点，一般都选在河流边上较为开阔的草地上，这时正是森林里气候温和易于活动的季节。夜幕降临，草地上便点燃一堆大大的篝火，人们围着篝火吃便饭、谈论说笑。饭后，欢乐的歌舞开始，首先有一个歌手领唱，大家齐声应和。在嘹亮的歌声中，猎民们便手拉手围着篝火，跳起"欢乐之火"的集体舞，舞蹈动作大都反映打猎、采集、养鹿等生产活动，舞姿十分健美。接着是独唱、对唱、独舞、三人舞，精彩的节目一个接着一个，欢笑声一阵接着一阵。同时还进行有趣的射击和激烈的角力比赛，角力格斗紧扣人的心弦。

篝火节不光是为了欢庆丰收，一年到头互不照面的猎人们还可以利用这个机会互相来往，共叙友情，商讨事宜，交流经验。篝火节更是青年男女谈情说爱的难得机会，对对恋人在欢歌狂舞后，便来到密林深处甜言蜜语地交谈。篝火节是鄂温克猎人最盛大的节日。

每年篝火节结束后，大家便协商第二年举办节日的时间和地点，确定后，猎民们便回到各自的狩猎点上又开始烤制肉干，积攒驯鹿奶酪和缝制新衣，为下一年参加这一盛大的节日做好准备。

塔吉克族的卫生节

每年 3 月，塔吉克族要过一个卫生节，塔吉克语称"气脱却特尔节"，意即清除室内灰尘的日子。这时也时逢年节。

节日清晨，先举行仪式：村子里顺秩序传递一把新扫帚，各家将屋子先扫一下。然后整个村庄进行清洁卫生大扫除活动。

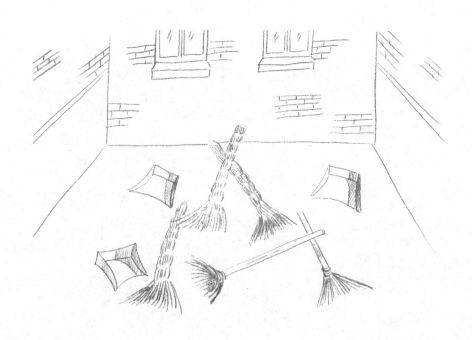

先是清扫公共场所，学校、场院、道路以及每条巷道都扫得干干净净的。接着是各户搞家庭卫生，清除房前屋后的畜粪、垃圾、杂草，填平坑洼，杜绝蚊蝇孳生的场所；有的还擦洗锅甑、家具，并将全家衣被作彻底清洗，把一些衣物拿在阳光下照晒。每个人也搞个人卫生，理发、洗澡。

节日里大搞卫生运动已成为每个人的自觉行动。以前，由于不重视卫生，人畜死亡很多，如今是人畜兴旺。

节日里把室内卫生搞好后，还用面粉在墙上撒成各种花纹，以示浴净消灾，人畜两旺，健康长寿。全村公推的头人顺次到各家祝贺后，乡亲们才开始互拜和祝贺。各家妇女给客人身上撒些面粉，以祝吉祥。

柯尔克孜族的诺劳孜节

　　柯尔克孜族是个历史悠久的民族，主要聚居在新疆维吾尔自治区克孜勒苏柯尔克孜自治州境内。诺劳孜节是他们一年一度的盛大节日。

　　柯尔克孜族把一天的时间分为日出更、午时更、日落更、星现更、午夜更和黎明更等六更。节日这一天，男女老少都要穿上节日民族服装，举行各种节日活动。各家的家长们首先起床，在房屋正中燃烧起一堆松柏树枝，将冒烟的树枝在每人头上转一圈，预祝他们新年中平安快乐。然后，家长把冒烟的松柏枝带到畜圈门口，让畜群在烟上通过，祈求在新的一年中牲畜膘肥体壮，迅速繁殖。

　　节日当天日出更以后，柯尔克孜族要做"诺劳孜饭"，家家户户用炒过的去皮小麦和大麦，加上盐、葱、牛羊肉以及各种野生调味作料等七种以上的食物煮成稠粥，称作"克缺"或"冲克缺"。做这种饭时，不再宰牲畜，要用往年剩余的粮食和食物，并要求做得丰盛些，以示年年富足有余。

从当天午时更起，柯尔克孜人成群结队地骑马相互拜年，然后集中在草滩平地上举行赛马、马上拉力、马上取物、马上打靶、叼羊、摔跤、拔河、荡秋千、"抢皇宫"等各种游戏活动。到日落以后，每户请客吃饭，男女老少分别举行跳舞和唱歌。在欢乐中柯尔克孜人一般演奏本民族乐器"三弦琴"、"考姆兹"，演唱"诺劳孜歌"和其他民歌。

达斡尔族的阿涅节

中国传统的春节，在达斡尔语中称为"阿涅"。

除夕早晨，家家户户都洒扫庭院，大门的正前方堆起大垛的干牛粪，傍晚时就燃起焰火来，使整个屯子（村庄）笼罩着暮霭，象征和睦吉祥的节日气氛。老年人把大块的肉食、白馍、饺子以及各种鲜美的食品抛进火堆里，祝福人畜安康，五谷丰登。达斡尔人认为焰火愈旺愈好，尽量把自家的牛粪堆垛得又高又大。

除夕下午，有些地方还有吃牛羊肉和牛羊头蹄的习惯。晚上门前也张挂各式灯笼，个别人家还以别致的冰灯装饰门口。除夕祭祖却不设牌位，也没有神龛，只在除夕晚到房屋西侧的地上扦一炷香，朝西叩拜表示缅怀祖先。

全家向长辈叩头辞旧岁后，接着就是同一个血缘氏族的"莫昆"团拜了。先到族内最长者家里拜年，后挨家挨户拜。过了午夜后，还要再次叩头拜年，这是象征迎接新的一年。

达斡尔人认为：初一是鸡日；初二是狗日；初三是猪日；初四是羊日；初五是马日；初六是牛日；初七是人日。欢度阿涅节的活动一直延长到正月十五日这一天，达语叫"卡钦"。"卡钦"如汉族的元宵节。十六日开始干活了。十六日清晨对躲在被窝里睡懒觉的人，在他们脸上抹一把锅底灰来羞他。这也是青年人互相取笑逗乐、互相勉励的方式。他们把正月十六定为"黑灰日"。姑娘们的脸往往被小伙子们抹得黑黑的，成为"灰姑娘"，人们互相趣乐，预祝着丰收和幸福。

瓦乡人的跳香舞节

　　湘西土家族苗族自治州和怀化地区，生活着约 40 万人口正在识别中的"瓦乡人"。瓦乡人每年农历十月，都要举办传统的跳香舞节。十月正值野菊花盛开之时，他们把野菊花叫"跳香花"，象征着甜蜜的生活。

　　举行这一节日活动的具体时间是以村寨或者宗族姓氏而定，有的在农历十月初五，有的在农历十月初十，有的在农历十月十五日。到了这些天，瓦乡人的村村寨寨十分热闹，家家户户采摘金灿灿的野菊花挂在房门口，系在姑娘的辫子上。村寨里的一年一轮的头人，便挨家挨户地凑钱买米，做香豆腐、香糍粑。更有趣的是，还做了很多糍粑乌龟、糍粑牛马。

　　节日这天，村里的头人请来了"闹沙"。"闹沙"一进村就吹响牛角三声，那是一种信息，告诉人们，他已跳香来了。跳香舞节要在村子旁的跳香殿堂举行仪式。殿里摆着香案，供着糍粑乌龟、糍粑牛马。仪式开始，鸣乐奏曲，敲打的主要乐器是大牛皮鼓和铜锣。当敲响锣鼓，"闹沙"披着袈裟，头戴尖帽，右手舞兰刀，左手舞一串圆链子，口里念着词语，脚尖点地，翩翩起舞。接着，就有八个男青年出场，排成"八"字形，跟着"闹沙"欢乐地跳起来。他们能跳出十多种舞姿，一会儿是"关公推车"，一会儿是"观音合掌"，一会儿是"美女梳头"，一会儿是"怀中抱乳"。围观的男女老少，无不欢笑。

克木人的家神节

云南勐腊县的克木人分为"达卖泐"和"达卖老"两支，分住几十个村寨。"达卖"意为"别寨的人"；"泐"指勐泐，"老"为勐老，均为地名。这是他们彼此间的称谓。

西双版纳地区的群众，一般都信仰佛教，克木人却不信佛教。他们信奉一种崇拜自然的宗教，称为"尩"，寨有"尩供"，家有"尩纲"，保佑庄稼的是"尩谈"，使人生病的是"尩哈"，不敬祭就会作祟降祸。克木人最隆重的节日要算是家神节，当地人称为"祭尩供"。

家神节活动，通常也叫"麻所麻乖"，直译为："吃芋头吃红薯"。意译为"感谢家神，差可温饱"。傣历三月正是庄稼已收、农事已了的时候，这个时候举办家神活动，有全家合族共庆丰收、同贺平安的意思。节日之前，由供奉家神之家发出"请帖"，所谓"请帖"就是用冬叶包上槟榔树皮和草烟，让人送去，并告之祭期。祭时，除本家同族参加之外，同寨的人也被邀请参加节日活动。

不供家神的人家只有一个煮饭的火塘；供家神的人家则有三个火塘：一是家神的火塘；二是父母的火塘；三是平时做饭的火塘。家神火塘设于房里特盖的一间小屋里。这间小屋，平时除父母之外其他人都不得进去，祭时，也只有本家的人才能进去。家神节主要仪式是祭家神。所谓祭家神，就是把猪的下颌骨和一双筷、一把勺放在一个竹篓里，挂在家神的火塘上。同时举行一些简单的宗教仪式。

"达卖渤"则由于各家都供有家神，因此祭期不定，遇有冷热病痛、不吉不顺，随时均可举行，所以范围小而仪式简单。但一年一度的像样的家神节则在傣历六月或十二月举行。

各民族的开斋节

　　开斋节是我国回族、维吾尔族、哈萨克族、乌孜别克族、塔吉克族、塔塔尔族、柯尔克孜族、东乡族、撒拉族、保安族等十个少数民族的传统节日。

　　开斋节来源于伊斯兰教，原为伊斯兰教主要节日之一。早在公元 624 年，伊斯兰教创始人穆罕默德规定，每逢伊斯兰教历九月，成年穆斯林要斋戒一个月。斋月期间，穆斯林们在日出之前都要吃好封斋饭，可以吃饱、喝足。日出之后至太阳西下，整个白天无论怎样饥渴，不准吃一点东西、喝一口水，平时抽烟的人也要暂时戒烟。此外，还要穆斯林们斋月期间克制一切私欲，断绝一切邪念，以示笃信真主安拉。但小孩和老弱病人可以不用守斋，妇女在经期中也不用守斋。整个斋月的气氛是肃穆庄重的。到了晚上，当守斋结束时，情况就完全不同，人们可以饮食说笑、来来往往，左邻右舍可以团聚一桌，甚至行路的陌生人感到饥饿时，可随便走进素不相识的人家一起吃喝，接受到主人的热情招待。

　　斋月的目的和意义，是控制个人的私欲，让人们尝试饥饿的滋味，不要挥霍无度，使富者体会贫者的不幸，唤起族类的同情心。故斋月是一种相当严格的宗教意识锻炼。在斋月期间，由于穆斯林们的宗教意识特别强，因而往往工作的热情更高、斗志更为旺盛。

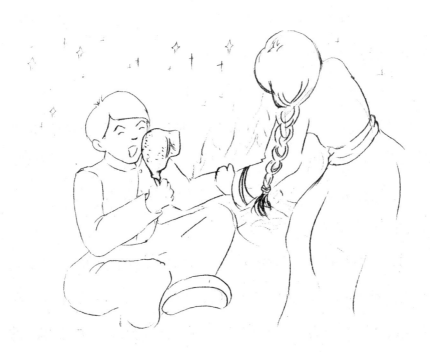

日本的雪节

在素有"雪国"之称的北海道，每至寒冬，人们喜欢在户外举行各种活泼有趣的活动。每年2月初，在北海道首府札幌市举行为期三天的雪节。这是北海道各地举行"冰与雪的盛典"中最有代表性的。每逢雪节临近，宽敞的札幌市街心公园和位于市区南部真驹内即辟为两个节日的广场，大小不同、形状各异的雪像和冰雕林立其中。阳光之下，掩映生姿，熠熠闪光，分外妖娆。夜幕降临，无数盏小纸灯笼一齐点亮，灯烛荧煌，映照着雪像和冰雕，更显得光怪陆离，奇异无比。在这梦幻般的水晶宫世界里，当地居民和外地游客熙来攘往，尽情享受这座不夜城里特有的美景。

雪节是札幌市的传统节日。雪像和冰雕的主题随着形势的变化而有所不同。在1972年中日建交后举行的雪节上，一些业余的冰雕爱好者，怀着对中国人民友好的心情，用电锯、冰斧和铁凿制作了天安门、天坛和颐和园里的石舫等巨大的冰雕，热心地介绍新中国，寄托他们要和中国人民世世代代友好下去的感情。在整个日本民族要求收复北方四岛的斗争不断高涨的形势下，能工巧匠们还根据日本的民间传说，用冰雪塑造了渔人和大鼓的栩栩如生的形象。渔人威武雄壮，英姿勃勃，奋力击鼓，激励人们。札幌雪节还具有相当大的宣传和教育的作用。

缅甸的火堆节

每年缅历 12 月 15 日，为达腊贡克伦族的火堆节。

这天清晨 4 点钟，法师先在火堆柱前祈祷，然后僧侣跟着膜拜祈祷。祈祷完毕，法师开始点火，其他僧侣和小罗汉等随着在附近的地方争先恐后地点燃火堆柱。他们认为先点燃火堆柱的人能交好运。朝拜火堆柱以后，又各自分别祈祷。竖立起来的火堆柱非常高，火焰可高达 30 多米，人们在离火堆 50 米远的地方围观。

火堆节早在公元 1826 年就开始举行了，它是达腊贡克伦族的盛大节日，但现在已经成为各民族团结的节日，一年比一年热闹了。节日里，由克伦邦高加力镇区中都镇行政委员会组织演戏、跳舞和传统拳击赛，不论什么民族，什么信仰的人全都可以参加。人们不仅请达腊贡庙宇的和尚参加，而且也请其他佛教庙宇的和尚参加，并向他们施斋。为了招待四面八方来参加节会的人，并不需要设立特别的组织，而是由周围村庄自动地给中都镇以粮食、钱币和人力的帮助，并由各村轮流派人做饭。

现在，不仅是达腊贡佛教徒们把火堆柱竖起来，而且周围佛教村的孟族、缅族、勃奥族和掸族也都竖起火堆柱，一起拜火了。

泰国的春耕节

泰国的春耕节是宫廷大典之一，每年 5 月（泰历为 6 月）10 日左右，由泰国国王亲自主持典礼。据说，目的是祈求诸神保佑风调雨顺，获得丰收。

泰国是一个历史悠久的国家，自古以农立国。泰国古称暹罗，气候和土壤适宜水稻生长，水稻种植面积占全国耕地面积的 80% 左右，为世界著名产米区之一。碾成的稻米称"暹占"，米粒细长，两头尖，晶莹明亮，煮成饭后，软香嫩滑，十分可口。泰国稻米常年出口量为 100 万~ 150 万吨，占世界稻米总出口量的 25%~ 30%。在泰国的出口贸易中居第一位，远销世界 60 多个国家和地区，"暹罗米"在国际市场上享有很高的声誉。

农业就成了泰国国民经济的主要命脉，因此，一年一度的春耕节典礼就十分隆重。每年照例在曼谷皇宫外围的大草场王家田举行。届时农业大臣身穿白色带花长袍，头戴尖顶礼帽，装扮得古色古香，在一片古乐声中，向国王叩头谢恩，随后又到佛陀及婆罗门诸神像前，焚香礼拜。

春耕节典礼举行时，田里有一对披着五光十色饰物的耕牛。人们事先备好稻米、大豆等七种种子，让牛选食，牛吃哪种种子，即预兆哪种作物今年可望丰收。接着，农业大臣走进田里，作象征性耕田。以后，参加大典的人群绕场三周，于是农业大臣接过小箩，取出种子，撒播田中。这时观礼的人们拥进田里，争相捡拾神圣的种子，带回家和自己的种子混合播种，期望获得丰收。

伊朗的春节

　　伊朗的春节称为"诺鲁兹"。它已具有 2500 多年的历史。节日在伊历元月 1 日至 13 日这段时间举行。那时是公历 3 月，首都德黑兰已是桃红柳绿，芳草萋萋，春光融融。

　　过春节最忙碌的要算是妇女。送旧迎新的第一件事是大扫除；然后到传统市场上购买年货，回家制作各式传统甜食和酥饼，以飨宾客。

　　在旧年最后一个星期三的晚上，要举行饶有趣味的"跳火"活动，迎接新年的来临。到这天晚上，便见大街小巷燃起了堆堆篝火。登高俯视，灿若万点星光。一家男女老少围着火堆，在朗朗的笑声中进行跳火。小伙子一马当先，奔腾跨过；少女体态轻盈，飘然越过；老人们在袅袅余烟中缓步穿行。人们口中念念有词："黄色(指面黄肌瘦，身体萎弱)予你，红色(指红光满面，体格健壮)给我。"祈求在新的一年中无病无灾，永葆健康。

初一至初三，人们走亲访友，互祝新年快乐，主人拿出各种美味甜点心和干果，款待客人。宾主促膝谈心，增进友谊。

郊游是伊朗春节的最后一项活动。伊朗人认为"十三"是不吉利之数。所以正月十三日全家出游踏青，以避邪恶。大小公园和绿野，游客如云。烧起茶炊，烤上羊肉，吃上一顿别具风味的野餐，在清雅幽静的田野、山林、湖边，人们尽情地享受着大自然的乐趣。

印度的象神节

　　犹如伊斯兰教徒朝觐麦加城那样，虔诚的印度佛教徒每年都要到伽涅什象头神的诞生地孟买海湾去欢度他们最盛大的宗教节日——象神节。

　　说起印度的象神节的来历，还有一段很古老的传说。据说，伽涅什·乔都尔神象原来是湿婆神和婆婆神的儿子。后来，伽涅什由于触犯了他的父亲湿婆，被砍去了脑袋，母亲婆婆娣悲痛欲绝。湿婆神为了挽回一时盛怒犯下的过失和安慰婆婆娣女神，就把一个象头安在儿子的身上。于是，他的儿子伽涅什就复活了，但样子很怪，象头上生着一根长长的鼻子，长着一对狡猾的小眼睛，圆圆的肚子。但尽管如此，印度的教徒们却非常崇敬他。把伽涅什神看做是幸运、聪明和美满的化身。

　　象神节每年在季风转变、雨季快要结束的时候进行。按照印度的传统习惯，"伽涅什象神"、"湿婆象神"和"婆婆娣象神"必须在节前几个星期塑制成功。到了庆祝伽涅什神诞生的日子，来自印度各地的两百多万朝圣者抬着坐在莲花盘上的象神，沿着孟买城的街头，纵情地狂欢，全城笼罩在一片欢乐的气氛中。这样，经过整整一天，就来到孟买海湾附近的乔帕蒂海滩。此时，再把象神抛入海里，让它们慢慢沉到圣水中。由于这种象神是用黏土和石膏做成的，因此，需要经过很长时间才能溶化。近些年来，印度人改用塑料制象神，这样保持时间更长而不使象神损坏。那些象神被潮水冲坏的塑料碎块就像浮萍似的漂浮在整个海湾，据说这是吉祥的预兆。

老挝的盘龙节

  5 月 11 日是老挝的盘龙节，也称醉酒节，是庆祝丰收的节日。

  所谓"银盘龙"，是由一根粗如碗口，长有 3~10 米的竹竿制成。竹竿从头到尾画上五彩花纹，根部环缚着五六根同样粗细的竹筒，每根竹筒有 65~70 厘米长，里边装满火药，外涂颜色，也有贴五彩花纸的。"银盘龙"在民族乐队伴奏下，在万象市区游行。

  11 日是正式放射"银盘龙"的日子。这天，全市及近郊各地妇女盛装艳服，打扮得漂漂亮亮。各寺庙的人马分成两队，一队负责在湄公河畔倚着大树用粗木搭成架子，把"银盘龙"架在上面，准备放射。另一队则化装成奇形怪状的歌舞团，载歌载舞，串大街走小巷，到处表演。这天好多人痛饮得酩酊大醉，但没有任何人去责怪为难。

  放射"银盘龙"的场面极为壮观。政府官员、高僧、外交使节列坐在彩棚之上，商贾小贩云集，湄公河畔人山人海。当"银盘龙"架到放射架上时，和尚开始念经祈祷，各歌舞队群起歌舞，环绕着"银盘龙"跳啊唱啊，顿时群情起伏，热闹非凡。一切就绪，就正式点燃火药引线，并按由小到大的顺序放射，只听见一声接着一声轰隆巨响，"银盘龙"冲天而起，犹如火箭升空，直射云霄。霎时，湄公河两岸人群欢呼之声，好像雷鸣一般。"银盘龙"越放越响，越放越远，这象征着人们一年四季五谷丰登，六畜兴旺，人口太平。人们的情绪也越来越兴奋。好几十条"银盘龙"，就在这一阵阵如疯如狂的声浪中，一只只放射到空中去。老挝盘龙节的情趣和泼水节恰恰相反：泼水节的滋味是在"水"，而盘龙节的精华是在于"火"。火，是光明的使者，幸福的标志！

尼泊尔的湿婆节

　　尼泊尔每年都有许多纪念神佛的宗教性节日。其中最盛大的便是 2 月底 3 月初的湿婆节。

　　湿婆是印度教崇拜的主神，被尊为宇宙之主。湿婆节就是纪念湿婆诞生的日子。这是尼泊尔的全国性节日，各地都要隆重庆祝。

　　节日这天大清早，人们便开始紧张的宗教活动。寺庙里挤满了前来敬神、祈祷的人。在帕苏蒂寺前的"圣河"——巴格玛蒂河中，成千上万的人在那里沐浴净身。在加德满都河前，无论城乡，凡有湿婆神的地方，就有人去做祈祷，以求福乐。

　　下午，是节日高潮。首都加德满都中心广场举行隆重的湿婆节庆祝仪式——鸣枪炮表演，以表示向湿婆神致敬，皇家军队的士兵们列队向天鸣枪。节日之夜，人们通宵达旦不眠，在四个时辰作四种不同的祈祷，人们燃起篝火，唱着赞歌，高高兴兴吃着烘烤的黄豆、花生。

每年湿婆节，国王要发表祝贺节日的文告，出席广场上的庆祝活动。傍晚还要前往帕苏蒂纳特寺敬神布施。

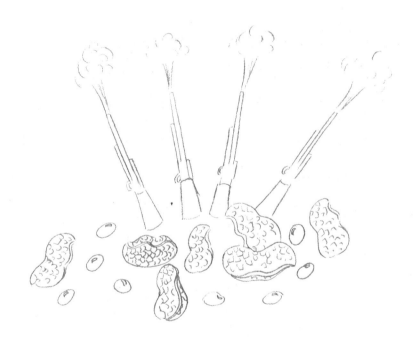

巴基斯坦的乔莫斯节

　　巴基斯坦的乔莫斯节，是喀拉什人纪念一位名叫巴洛曼因的半人半神的英雄的节日。

　　节日前，喀拉什人要进行家祭。当夕阳在山后沉没时，人们列队向供奉家神的小庙走去。每人手持由三根树枝编成的火把，进庙门时点燃门前松塔，并把祭品放入筐篮。在庙里人们肃静，期待祖先来临。待松塔烧完，家祭便结束。

　　节日开始，男女都要沐浴净身以示纯洁。第一天轮到妇女和姑娘们，她们敲开冰层，舀来泉水，在用石头搭起的炉灶上把水烧热，嘻嘻哈哈地在浴棚里洗去身上一年的疲劳与风尘。下午，沐浴一新的妇人们穿上蓝绿条纹的新衣，戴上装饰的薰衣草、羽毛、纽扣和珠子的头饰，唱着赞美诗，列队向村中广场进行，一名男人口中喃喃念祷词，手持一束燃着的松树枝，依次在每个女人头上绕三圈。入夜，妇女们用面粉、奶酪和核桃烘烤成节日用的馅饼。

节日的高潮是这一天夜间的火炬游行。每个喀拉什人在熊熊的篝火上点燃火把，长长的队伍在崎岖小道上蜿蜒下山。当两个部落的队伍在山谷中相遇，两条火龙时而相衔，时而相离，仿佛是两串夜明珠在黑漆屏风上移动。最后，两支火炬队伍都来到了山谷中一处最大的空地，那里生起的大堆篝火把峡谷照得通红，盛大的舞会开始了！人们疯狂地唱呀跳呀，队伍绕着篝火飞速地旋转，忽而围成大圆圈，忽而又围成几个小圆圈。小伙子和姑娘们尽情欢谑，年长的人们也变得无拘无束，男女老少都沉浸在节日欢乐的气氛之中。

新加坡的春节

春节，新加坡华人以交换"红包"、悬挂红色小旗和吃鱼来表示他们的信念。

新加坡华人的信念是幸运、富裕、和平和长寿。其中和平、长寿、富裕都可通过努力去获取，只有幸运是未知的。所以，每到春节，家家都要贴上一个红底金色的"福"字，贺年片上也常常印着振翅飞翔的蝙蝠，因为蝠、福同音。表示运气的一个字是"吉"字，吉、桔谐音，所以在春节都要吃橘子。吃鱼更意味着发财和幸运。鱼和蔬菜分别盛在圆碟子里，撒上胡椒和调味品，用筷子搅拌各种配料，做着向上搅调的姿势，象征事业的发达。鱼、裕同音，所以一些贺年片上还印有金鱼在荷花池中游动的图案；"荷花"意味和平、洁净，只有在和平中，才能获得富裕和幸福。

除夕，全家吃团圆饭，孩子们要挨到午夜才睡觉，认为这会延长他们的生命。

春节第一天，小辈给长辈拜年，都能得到"红包"；第二天，全家拍张"全家福"。到正月十五，全家再吃一顿团圆饭，取下"春到人间，幸福满院"的红色对联，又在期待新的一年了。

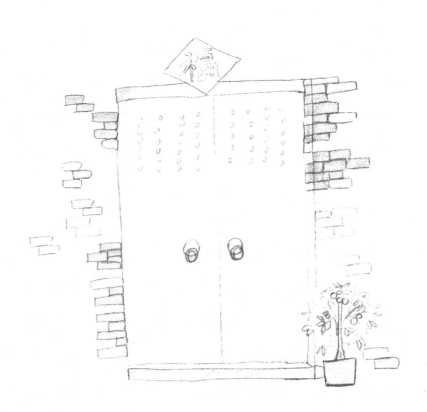

马来西亚的收获节

5月，是马来西亚沙巴州水稻收获的季节。每年这时，沙巴各族举行规模盛大的收获节，来迎接水稻精灵——木巴阿宗。

州政府每年选一个城市，轮流作为收获节庆祝活动的中心。节日这天，人们都穿上传统的黑色民族服装，妇女还要在金线银线绣的衣服上缀以五光十色的珠子。无论男女都扎着一条漂亮的腰带，上面嵌着许多熠熠生辉的银币。

节日主要活动是充满宗教色彩的庆祝仪式"麻加沃"。仪式在水稻收割工作完毕后举行。这时，女教士们陪着由年轻姑娘扮饰的水稻精灵从水田来到庆祝场地。女教士们马上唱起对造物主的赞歌。动听的歌声在夜空中袅袅上升，不绝如缕，直到午夜过后才结束。接着锣鼓声越来越洪亮，女教士们便站起来，绕着屋子四周缓缓步行，还继续唱歌。当她们开始唱赞颂水稻精灵的歌时，男人们便站起来加入她们唱歌的行列。他们一边唱一边随着节拍跺脚，高声欢呼胜利。

　　黎明时分，人们向水稻精灵敬献糯米或米酒等食物后，"麻加沃"仪式宣告圆满成功。这时全体村民跳起"苏马造"舞蹈。在欢快的锣鼓声伴奏下，男人们翩翩起舞，喊着充满斗争精神的口号。而妇女们也跳起来，双手伸出，不停地轻轻抖动，宛如展翅飞翔的鸟儿。男女舞伴们一起跳着，描绘出一幅农民们在稻田里驱赶雀鸟的图景，非常引人入胜。

　　收获节不仅仅是沙巴人民世世代代欢庆丰收的节日，而且也是村民们彼此之间联络感情、增进友谊和团结的聚会。如今，收获节是沙巴唯一由州政府规定的正式节日。

印度尼西亚的巡游节

在每年四五月收割甘蔗的时候，印度尼西亚爪哇地区的蔗农们都要举办一次别开生面的"甘蔗新娘"巡游节。

巡游节的清晨，一群身穿黑色服装的蔗农和一队手持长矛的儿童，尾随"官人"——农场和糖厂的经理，走向甘蔗园的一个角落。

他们先向真主祈祷。然后，"官人"挥动长刀，砍下几根甘蔗。这时，一辆用鲜花装扮得如同孔雀的车子已经在此等候了，车上"坐着"用甘蔗秆做成的"新郎"、"新娘"。官人把砍下来的甘蔗插进"新人"的颈上，巡游节宣告开始。

巡游时，孔雀花车做先导，其后是一群携带大刀、水盆、锄头及各种农具的蔗农，紧接着是手持长矛的儿童，最后是乐队。巡游队里有跳舞的，有打印尼拳的，一路上热闹异常。

从甘蔗园走到"官人"的庭园前，孔雀花车就停下来了。这时，悦耳动听的当地民歌此伏彼起，儿童们争相拾"官人"

扔到地上的硬币。不一会儿，"甘蔗新郎新娘"就获准进入制糖厂，群众欢歌载舞，此时，节日就到达了高潮。

斯里兰卡的大象游行节

每年 8 月，在斯里兰卡的康堤都要举行历时 3 ~ 5 天的盛大的大象游行。这是斯里兰卡人民的传统节日，也是这个岛国的重要的佛教活动。

康堤是斯里兰卡的一个旅游胜地和宗教活动中心。8 月的康堤，山明水秀、风景宜人，在这热带高温的国家里，却透着些凉意。充满着异国风情和宗教色彩的大象游行节，使整个康堤沸腾起来。市区的许多建筑物披上了节日的盛装。商店里显得格外拥挤。全国各地许多虔诚的佛教徒及游客也纷纷赶来欢庆节日，到处洋溢着一片欢乐气氛。

大象游行开始，走在队伍最前面的是鞭子队，几十人扬鞭开道，噼啪之声并不逊于鞭炮。接着便是各神庙组成的队伍，有佛牙宫队、那特神庙队、马哈维血努神庙队、卡得勒格英神庙队和帕蒂妮水神庙队。这五个队在编排上几乎完全一样：都是以鼓队为先导，接着便是好几只披红戴绿、珠光宝气的大象，然后便是载歌载舞的舞蹈队。在这以后就出现了佛牙宫的几只大象，其中一只叫"拉佳"的大象驮着那万人景仰的舍利佛牙塔。紧接着又是一支舞蹈队，然后便是佛牙宫里管水的主要官员和主要持事人物，最后展现在人们面前的就是那些古色古香的历代皇后乘坐过的四抬大轿。节日晚上，整个城市灯火辉煌、万人空巷。人们都尽早来到街头，翘首以待那五彩缤纷的壮观的游行队伍。

据说1775年，在斯里·拉佳幸赫国王的授命下，开始举行当时国都康堤的大象游行，并把传统的佛牙宫的大象游行与祭神游行结合举行，这就是流传至今的大象游行节的由来。

罗马尼亚的朱尼节

　　每年 5 月，是罗马尼亚的朱尼节。朱尼，即节日的人们。朱尼节起源于遥远的古代，当初参加节日活动的都是些单身小伙子，而今，参加的人相当广泛。参加节日活动的人们穿着奇异的服装，在队伍中尽情地唱歌、跳舞。有一种叫"罗亚奥里式"的长衫，重 9 千克，需 3 个妇女刺绣 4 个多月才能做成，上面镶有 4.4 万颗亮晶晶的小金属片，价值是一辆摩托车的三倍。这种服装只有在节日时才拿出来穿上。朱尼节的领导者佩戴有标志，以区别于普通人们。他们骑的马也披红挂绿，亮晶晶的鞍上钉有许多小铜钉，领导者在马上神采奕奕，颇有武士风姿。

　　每队"朱尼"都有队长和旗手，队长在队伍的最前面，在铜管乐队的伴奏下，一队队"朱尼"在宽阔的街道上游行。游行完毕后，人们聚集在一个宽阔的广场上，摆上桌子，开始跳圆圈舞。每个参加者都投掷狼牙棒，这是对每个人进行的一种投力测验。这种古老的玩意是用空心的金属管做成，玩法是：

每个人轮流投掷，投得越高越好，在投掷和传递过程中不得落地，每人轮过三次。在此期间，妇女们早已准备好美味佳肴，招待节日的人们。

夜幕降临后，人们举行节日晚宴。在宴会上，表演各种传统节目，有唱有跳，有说有笑。一杯杯美酒伴随着歌声，激起人们的满腔热情，宴会直到深夜方告结束。

保加利亚的文字节

　　5月24日是保加利亚文化、教育、新闻和斯拉夫文字节，这是保加利亚人民的传统节日。由于斯拉夫文字是基里尔和麦托迪兄弟两人所创造的。因此，这个节日也叫基里尔和麦托迪节。

　　1200多年前，基里尔和麦托迪是东正教的传教士，他们为了能在斯拉夫人中进行传教，于公元855年创造了斯拉夫文字，使古代斯拉夫文化，特别是保加利亚文化逐渐兴盛起来，为人类的文化事业作出了不朽的贡献。

　　基里尔和麦托迪以其对保加利亚文化的独特贡献，被保加利亚人民奉为圣贤。9世纪末开始有了纪念他们的活动。10世纪，宗教界分别把2月14日——基里尔逝世日和4月6日——麦托迪逝世日作为纪念他们的节日。1857年保加利亚民族复兴时期，确定5月24日为纪念他们的节日，这就成为保加利亚的全国性文字节。

节日这一天，保加利亚政府领导、各党派领袖以及一些国家的驻保使节，在保加利亚首都索非亚市中心的"基里尔与麦托迪"国立图书馆前举行隆重集会。在雄壮的乐曲声中，向图书馆前的"基里尔与麦托迪兄弟"纪念塑像敬献花环和鲜花。索非亚市民也扶老携幼，手持花束，来到这两位斯拉夫文化先驱的纪念碑前，纪念"斯拉夫文字与文化节"。

匈牙利的葡萄节

匈牙利有一个名叫托卡伊的小城镇，不仅诞生了为匈牙利独立而斗争的伟大领袖科苏特，而且也是个"葡萄世界"。这里遍布着葡萄园，盛产着举世闻名的葡萄。

葡萄大约在 5000 年前发源于黑海和地中海沿岸各地。它是一种经济价值极高的果树，在全世界果品的生产价值中占第一位，除可生食外，还能制酒、制汁、制干等，不仅味美可口，而且营养价值很高。托卡伊的人民于 1000 多年前开始种植葡萄。

托卡伊人民都为本地的葡萄而自豪。第二次世界大战后，匈牙利人民共和国成立，人民过上了美好的生活，他们便在每年 10 月间葡萄收获的日子，举办欢乐的"葡萄节"。

节日早上，是欢腾的游行。有着光荣革命斗争传统的托卡伊人民，精神抖擞，意气风发，小伙子们有的骑在骏马上，有的迈着健步整齐而豪迈地行进；姑娘们则花枝招展，载歌载舞。

一辆辆彩车上，挂着丰硕的葡萄和彩画，缓缓驰过，两旁观看热闹的人群中，不时发出兴奋的欢呼和赞声。

游行过后，整个城镇处处可见唱歌跳舞的欢乐场景，最美妙的舞蹈是"葡萄收获舞"，这个舞表现了一群姑娘采撷葡萄时喜悦的心情、细腻的动作以及对美好明天的向往，艺术水平相当高。歌舞常常通宵达旦，狂欢持续到次日早晨。

葡萄节活动结束时，一些少先队员常常怀着自豪的心情，向游客们朗诵一段对托卡伊的赞词。赞词说："从肥沃土地涌出甜蜜泉水的这个地方是多么快乐！长得均匀又健康的托卡伊人是多么快活！幸福和希望就在这里！只有希腊神灵，才有这样美丽的住处啊！"

波兰的克拉科夫节

克拉科夫节是克拉科夫市一年一度的狂欢节日。克拉科夫是波兰南部的历史名城，建于 9 世纪，经过 1000 多年的漫长历史，至今城里还有许多古城堡、皇宫、教堂、古代市场等著名古迹，充满了中世纪的典雅情趣。

节日活动要举行一周。在庆祝节目中，有一个装扮为名叫"拉伊科尼克"的鞑靼人。这个人戴着高帽子，黑面孔、大胡子，被包围在人群中，一纵一跳地从大街走过。并依照习俗，和市议员在广场一同喝酒，受人们传统的致敬。

据说，鞑靼人入侵时，一位名叫拉伊科尼克的渔夫，打死了鞑靼人，穿了死者的衣服，混过军营，向人民报警，使群众免除了残杀。因此，他便成了人们永远纪念的英雄。

节日中午从圣玛亚教堂塔上飘扬出雄壮的号角声。据说，在 13 世纪鞑靼人入侵时，钟楼卫士吹起号角报警时，被敌人射中喉咙，号声中断。从此，克拉科夫人便在节日中午在圣玛亚教堂吹起悲壮号角，表示完成壮烈牺牲的号手未完的声音，引起人们警惕，保卫祖国。

英国的元旦

元旦清晨，各家各户的家长都要打扫厨房，认为这样可以驱除恶魔，使日子过得顺利、幸福。

苏格兰北部的人和苏格兰人，每年除夕，各户家长一定要出门游逛，直到午夜，才雇一个把脸涂得很黑的人带路返回家园。

有些地方在除夕要举行"卜蛋"，即取一盆清水，将蛋清放入水中，从蛋清的形状来卜吉凶。

从除夕后半夜起，英国人认为全年的运气如何，要看朝屋里迈进第一只脚的人，如果是一个快乐、幸福、有钱的人，那么全家将会全年吉利；如果是一个忧伤、不幸、贫穷的人，那么全家在新的一年里将会倒霉和贫困。这个迈第一只脚的人的姓名的第一个字母也很重要，它可判断出你在来年的命运如何。

英国人还有一种怪习俗，即过年谁也不邀请谁。但是，在除夕夜或者新年的晚上，每个人都可以不经过任何人的邀请，到任何一家去祝贺节日，即使陌生人家里也可以去，主人总是热情接待。不过客人要随身带一小块煤，扔到主人家的火炉里，祝福他们全家在新的一年里像炉火那样越烧越兴旺，永远不会熄灭。

西萨摩亚的独立节

　　每年 6 月 1 日是西萨摩亚的"独立节"。西萨摩亚是南太平洋上的岛国，面积为 2950 平方千米。

　　萨摩亚人大约在 3000 多年前，自东南亚一带漂洋过海来此定居。19 世纪中叶，英、美、德殖民主义者相继侵入萨摩亚群岛。1889 年，英、美、德三国签订了共同统治萨摩亚的柏林条约。10 年后，德国统治了西萨摩亚，美国则统治东萨摩亚。第一次世界大战后新西兰占领了西萨摩亚。20 世纪 20 年代，西萨摩亚爆发了有名的"马岛"运动，反对殖民统治，提出了"萨摩亚人的萨摩亚"的斗争口号，经过数十年英勇顽强的斗争，终于在 1962 年元旦正式宣告独立。因为 1 月多雨，不宜举行国庆活动，次年决定 6 月 1 日为"独立节"。

　　西萨摩亚的独立节实际上就是国庆节，这是全国最盛大的节日。西萨摩亚人有"塔图"即纹身的习俗。身上刺的各种花纹图案，既是装饰，也是社会地位的标志。塔图分三类：沿脖颈往下直到脚踝的称全身塔图；由腰间刺至膝盖的称局部塔图；
遇有隆重礼仪活动，临时在脸上、手臂、腿部、胸部画上花纹
图案。在独立节盛大庆典时，萨摩亚人个个纹身画花卉、动物
等图案，俨然如真的纹刺一般，庆典结束，
便可擦去，这称为化装塔图，塔图多
刺对称的几何图形，好的图形，堪
称艺术佳作。

独立节时在市中心广场上举行
大规模的庆祝活动。人们载歌
载舞，穿红着绿的男女老幼
在广场上围成一圈又一
圈，席地而坐。双手拍
着拍子，嘴里哼着歌曲。
最引人注目的是"刀舞"，舞者系男子，光着膀子，手持"斩
首之刀"，刀尖带钩，锋利异常，刀的两端涂上煤油，燃起火焰，
表演者将"火刀"抛向上空，接在手中，惊险动作，博得观众
喝彩，有的人甚至能操六把刀表演舞蹈，火焰穿梭，流星飞溅，
使整个"独立节"活动广场上气氛热闹非凡。

德国的文化节

　　德国的索布族，从 1966 年开始，每隔两三年举办一次文化节。节日期间邻国都派少数民族代表前来参加。

　　索布族是德国唯一的少数民族。它属斯拉夫系，自公元 10 世纪以来，就主要居住在德国南部，科特布斯下劳齐茨和德累斯顿上劳齐茨地区，与波兰相邻，并同其少数民族有传统的往来。索布族人口只有 10 万，主要从事农业，少数从事工业。他们有自己的语言和文字，在索布族居住的地区，有十种索布语报刊、两所用索布语教学的学校，还有一个索布族歌舞团。

　　在文化节期间，索布族男女青年都穿着各式各样的美丽服装：男青年身穿大衣，结彩色领带，戴礼帽，礼帽前有一个特殊的圆圈；女青年穿花衣裙，有的上身穿花衣，还穿白布短裙，头戴花布帽或白褶边帽子，并扎上一块色布。人们兴致勃勃地汇集到索布族传统的文化中心——德累斯顿区的鲍岑县城参加节日活动。这是一次规模盛大的文艺会演，有民间舞蹈、歌咏会、小型歌剧、电影等。1980年5月28日至6月1日举办的第五届文化节上，在露天和室内场所总共演出265个精彩节目。索布族的民间舞蹈，多半是歌颂劳动和爱情、内容健康、舞姿优美、音乐抒情。文化节会场上还组织集市，出售索布族人民的雕刻、挂毯、瓷器、绣花等手工艺品。鲍岑地区中心广场和人行道上、公园里都临时搭起零售摊子，这些地方都被参观和选购货物的人群围得水泄不通。在文化节的日子里，索布族人民携老带幼喜气洋洋地走向街头和剧院，整个会场绚丽多彩，使人流连忘返。

瑞典的仲夏节

　　瑞典的仲夏节本来是古老的传统宗教节日，但是现在已与宗教没有联系。瑞典当局还将原来的宗教节日时间做了小的改动，把它定为6月20日至26日之间的星期五或星期六。

　　在瑞典农村，未婚的少女在仲夏节前夕，摘来七种野花，放在自己的枕头底下，据说就可以梦见未来的理想丈夫。

　　仲夏节上午，人们集聚在用各种花、叶装饰起来的十字形柱子周围。每个家庭的父亲首先喝第一杯酒，其他人也跟着喝酒。大家绕着彩柱跳起舞来，有一种舞蹈叫"小青蛙"，跳舞的人不仅要做青蛙的动作，而且还必须学青蛙叫。同时还开展套袋赛跑和拔河比赛，这是很受人们欢迎的体育活动，比赛场上十分热闹，男女老幼争相观看，并为比赛者喝彩鼓劲，鼓掌助威。

　　仲夏节下午，城市和乡村的公园或广场上，要竖起一根根的高杆，高杆上挂着用松枝和花束扎成的花环。人们换上节日盛装，吹弄着民族乐器，围着高杆，载歌载舞，直到第二天清晨才结束。

仲夏节能成为瑞典传统的、规模最大和最具有群众性的民族节日，据说是因为它代表的自然季节同人民的生活和健康有着密切的关系。因此每逢夏季，人们都喜欢晒太阳。正因为人们喜爱阳光，渴望光明，盼求温暖。所以在很久以前，大家都在整日有亮光的日子里通宵达旦地尽情歌舞，来度过一年中阳光最多的一天，仲夏节就这样一代一代地流传下来。

瑞士的狂欢节

　　瑞士巴塞尔的狂欢节，非同小可，其规模之大，可说倾城出动，节日也要持续好几天。

　　节前几天，家家户户开始忙碌起来，进行着各种准备工作，制作各种各样的节日服装和千奇百怪的假面具，练习吹笛子和打手鼓，制作节日食品，准备节日娱乐活动，即使是平日最节俭的家庭，这时也舍得花钱，尽量在节日中过得充实些。

　　人们一般都参加到一个社团中活动，这些社团组织严密，纪律严格，在一年中定期聚会，进行演习。在节日临近之际，社团负责人领着大家走向街头，排练精彩的节目。每年社团都有统一的服装，假面具更是千姿百态，这意味着要驱逐冬天的魔鬼。

　　节日前夜，人们通宵不眠，各个社团站在广场上，观看的人群也挤满了各个角落。在一阵阵鼓号声中，游行开始了，队前一名领队，后面是鼓号队。化了装的人们，抬着纸糊的巨型灯笼，妇女和儿童拿着装有彩色纸屑的袋子，不时地把纸屑抛向空中或塞进人们的脖子里。有的队伍里还备有礼品车，化装成各式各样的怪人，从车上向人群中抛掷糖果和小纪念品。游行累了，就到酒店里喝点酒，休息一下，再继续游行，直到翌日清晨。

这个节日，深受人们喜爱，因为按照当地习俗，认为这几天人人都是大地的主人，人人都是国王。

希腊的巴布节

希腊，是一个历史悠久的国家，奈雅巴特拉村的巴布节，更令人神往。

巴布，是一位心地善良、大慈大悲的女神。她聪颖智慧，乐于帮助别人，因此人们对她十分尊敬。

巴布节是妇女的节日，这一天，所有的男子一律禁止外出，他们要在家中主持家务、看孩子，做 24 小时的"家庭主妇"。妇女们一清早就打扮起来，可以出外游玩，这一天是她们真正的解放日。

广场上，妇女们手举象征男性权威的法杖，上面挂满了水果、香肠和气球。她们互相打闹，欢笑声洋溢在广场上空。此时，只有一个男子被例外地允许在场，这就是特邀的吹鼓手，但他双眼被蒙住，自己也必须做到一条，即保证对当天听到的一切绝不外传。

下午，三四百名妇女手挽手、肩并肩地向本村年龄最大的

"巴布"家进发。"巴布"身着黑色土耳其式大袍，坐在庭院中间，面前放一大盘干酪。妇女们一到，便争先恐后地去"抢"干酪。据说，吃到这种干酪会使人岁岁平安、年年如意。吃完干酪，妇女们把"巴布"抬上装满鲜花香草的木车，连推带拉，载歌载舞，返回广场。

归途中，妇女们警惕地搜索着街道两旁，如果发现哪个"家庭主妇"胆敢抛头露面，就将他捉拿问罪，将他脱个精光，抬到广场示众。

夜幕降临后，妇女们游行完毕，举行一种特殊的内部秘密庆祝仪式，通宵达旦直到翌日清晨。

挪威的滑雪节

　　挪威的传统体育活动是滑雪。不满两岁的孩子差不多都会在走路之前，就开始学滑雪。晴朗的冬日，在奥斯陆著名的维杰芬公园里，常常可以看到很多幼儿扔掉滑雪杖，跌跌撞撞地在雪地上练习滑雪动作。青少年们成群结队地进入山区飞滑。70 多岁的挪威国王奥拉夫五世也是一个滑雪运动的爱好者。整个冬季每天都要滑雪一个小时。挪威的滑雪节始于 1879 年，以后每年在霍尔门科伦举行一次，至今已有 100 多年的历史。1980 年霍尔门科伦滑雪节，从 3 月 9 日至 16 日，有 17 个国家近一万名选手参加了比赛。

　　挪威人松雷·诺尔海姆被认为是现代滑雪运动创始人，他在 1840 年发明了世界上第一副现代滑雪屐的束脚器，从而使滑雪者可以做难度大的回转动作；现代滑雪运动中的一些专用术语都源出于挪威语，甚至"滑雪"这个词本身也来自挪威语。奥斯陆滑雪博物馆是 1923 年为纪念这项运动而建立的世界上第一个滑雪史博物馆，它坐落在著名的霍尔门科伦滑雪跳台下。

　　挪威的滑雪节是仅次于国庆的第二个盛大节日。节日期间，挪威和各国前来参加比赛的滑雪健儿云集奥斯陆北郊的霍尔门科伦山，开展世界上富有传统色彩的"速降"滑雪比赛。挪威有一支实力雄厚的专业滑雪队伍，在 1924 年至 1976 年间，挪威的滑雪运动员荣获了世界上 141 枚滑雪金牌中的 52 枚，数量之多，为世界之冠。

　　滑雪原先只是一种运输方法，后来用于军事上。滑雪作为体育运动，只有 100 多年的历史。1924 年，26 个国家组成了国际滑雪联合会，滑雪开始被列为国际奥运会的冬季比赛项目。

意大利的蛇节

人们看到蛇就要心惊胆寒，据国外报导，全世界每年在毒蛇下丧生的有三四万人。在缅甸，每 10 万人当中就有 15 人死于被蛇咬。然而，在意大利有一个奇特的城市，人们称它为蛇城哥酋洛。在这个城市里，有着无数的多种多样的蛇。大人小孩都会养蛇，有许多人以贩蛇为生。并且在这个城市里，要举行一年一度的"蛇节"。

在蛇节这天，家家户户都把自己喂得肥肥的蛇放出来，任其满城爬行。在街上行走的居民手上也都拿着几条蛇，以表示庆祝。商店里摆满了蛇型玩具，而哥酋洛的儿童最好的节日礼物就是蛇。

在蛇节当天，还要举行庆祝会，由乐队演奏乐曲，于是一条条的蛇做出一个个引人入胜的"舞蹈"动作。乐队急忙紧吹一阵，只见一条蟒蛇忽然像演员听到了乐队的序曲，精神一振，把头高高抬起，嘴里不住地吐出火焰般的信子。它向人们频频点头，好像预报节目就要开始了。果然，在悠扬的乐曲声中，大蟒蛇在乐队四周环游。与此同时，乐队脚下 10 个蛇笼里也钻出 70 只蛇头，竟欢欢腾腾、跳跳跃跃地舞起来。随着音乐的节拍，它们时而昂首向天，时而左右摇曳。中间蛇笼里的一对眼镜蛇表现得尤为精彩，本来是细长的脑袋，此时却昂然挺立像一片扁平的菱形铲子，那一双贼溜溜的小眼睛闪射出一道道吓人的白光。然而更奇特的是，两旁 4 只蛇笼里的蛇，竟然同时爬出自己的巢穴，相互交换了位置。"蛇舞"的精彩表演，博得了观众的热烈掌声和欢呼声。

西班牙的奔牛节

每年4~5月份，在西班牙各城镇陆续举行隆重的"奔牛节"。

就在"奔牛节"节日这天，引牛的大街两旁商店要停止营业，车辆禁止通行。建筑物上挂满彩旗、花环。奔牛的号角响了，只见上百名身穿花花绿绿彩衣的青年勇士飞奔而来，后面

有成百条野牛拼命追赶，横冲直撞。站在人行道上层层叠叠的观众异常紧张，恐怕野牛闯入人群。

勇士们在牛群面前挥动红布，引诱他们追赶，这些人勇敢机智，动作敏捷地躲开野牛顶撞，一直把牛群引进规模巨大的斗牛场。奔牛活动十分激烈、热闹，场面非常惊险壮观。

引牛的勇士都是自愿报名而经过挑选的。奔牛活动结束后，勇士们都受到一定的奖赏，选优秀者列榜出名，称为"青年英雄"。在奔牛节时，不少姑娘暗中物色对象，她们喜欢找一个勇敢的小伙子。只要红榜一出，姑娘们便拉走了自己喜爱的勇士，小伙子们也乐意找漂亮的女郎结为夫妻。因此，有人说西班牙的"奔牛节"，也是西班牙的"情人节"。

芬兰的大学生节

每年 4 月 30 日为芬兰的大学生节，也称大学生狂欢节，或称大学生戴帽节。每逢节日，芬兰各地的大学生都举行戴帽仪式，并以各种形式欢庆节日。

赫尔辛基的大学生戴帽仪式每年都在南玛头广场上的哈维斯·阿曼达美女塑像前举行。当乐队齐奏歌曲，仪式便开始，早已围在塑像周围的大学生先将一项白帽高高举起，然后给阿曼达塑像戴上，顷刻间广场上欢声雷动。随后，大学生也一个个戴上自己的白帽，文科大学生的白帽镶蓝色边沿，理工科大学生的白帽上多一条一尺来长的黑穗子。顿时，广场上变成一片雪白，人头攒动，犹如白浪滚翻。青年男女大学生们在广场上塑像周围歌唱、跳舞、狂欢。

大学生的戴帽习俗始于 1865 年。当时，有 4 个赫尔辛基大学生想买白帽，但芬兰缺少做帽子的材料，帽料还得从瑞典买来。随后，大学生戴白帽的日渐增多。到 1875 年筹备召开北欧学生会议时，白帽被正式定为芬兰大学生帽。这种用蓝白两色做的帽子，形如一只古希腊氏的七弦琴，美观漂亮。

大学生节期间，全国各高等学府所在地一片欢腾，到处充满着青年人们的活力和热力。街上人如潮涌，彩色气球飘扬在大街小巷，歌舞声、欢呼声四处荡漾。平时，在赫尔辛基大街上和公共场所，是不允许喝酒的，为了庆祝节日，许多人手执酒瓶，带着酒杯，在公园、大街上狂欢，警察只是袖手旁观。

许多白发苍苍的老大学生以及无数上过大学的老年人，也戴上已经发黄的白帽，同青年们回忆起过去十分有意义的大学生时代，并与青年大学生们一起载歌载舞。5月1日，戴白帽大学生还在公园里举行诗歌朗诵会、歌唱会和演讲会等。

丹麦的情人节

早春 2 月，春回大地，鸟语花香，情人节的举行，正是大好时节。

情人节起源于古罗马。传说，在古罗马，每年 2 月 14 日是崇敬他们的掌管自然及女子婚嫁的神的节日。在这个节日里，青年男女要举行特别庆祝会。未婚青年男子，可以从一个装有许多女子名片的盒子中，抽出一张名片，并就以这名片上写着的女子作为当时的伴侣，互赠礼物。如果男子喜欢这女子，就将她的名片贴在袖子上几天，认定对方是他的心上人。而往往他们会由此成为终身伴侣。

以后，教会就把情人节定在 2 月 14 日举行，即圣瓦伦丁日，用以纪念早期教会两位名叫凡伦丁的主教。

情人节盛行以红心作装饰，青年男子送礼物给情人，丈夫也送礼物给妻子。女子通常收到的礼物是鲜花、糖果、手帕、手套等。

丹麦人的庆祝活动，常将压榨好的雪花送给好朋友。男子会写开玩笑的信给女子，只用密码或点点作字母署上自己的姓名，如果女子猜中了告诉他，那么这一年的复活节，他要送一份礼物给对方。

事实上，情人节已超出了它原来的意义，它被用作人们表达内心的爱和扩大爱的范围的一种机会，它使父母、师长、亲朋、好友、儿女都成为人们亲爱的对象。

荷兰的风车节

　　世界上有"风车节"的国家，恐怕只有荷兰一个。每年5月的第二个星期六，是荷兰特定的"风车节"或称"风车日"。这天，全国各地的风车都要开动起来，供人观赏。

　　风车是荷兰的标志。荷兰之所以成为"风车之国"，也是和围海造田的斗争分不开的。由于地势平坦，风力强劲，风车是荷兰人民向大自然斗争的一种武器。为了开辟一个低地必须先在一个水区周围筑堤，然后用风车把水抽干。新辟的低地筑成后，风车就用来排水和灌溉。从15世纪起，风车就被广泛利用，5个多世纪以来，正是依靠风车的力量才使荷兰免遭水灾的浩劫。在与大自然的搏斗中，风车立下了汗马功劳。

　　在风车节期间，人们精心装饰着风车的建筑物，在风车木架上绘刻上各种美丽的花纹，砖墙粉刷一新，卤板上也涂上鲜艳的油漆。大小风车上披上节日盛装——张灯结彩，披红戴绿，悬挂着国旗和用纸板做成的太阳及星星，显得光彩夺目。人们也欢天喜地，迎接着来参观的游客。

　　巍然雄踞在北海之滨的古老的风车，是荷兰人民征服大自然的历史见证，是荷兰人民征服大自然的智慧结晶。荷兰风车大部分已作为珍贵的文物加以保护。但是，在能源危机威胁下，现在风车又要大显身手，不过那将是技术先进的电子风车了。

奥地利的圣诞节

　　奥地利的圣诞节之夜，不论在城市灯火辉煌的大厅里，还是在乡村安宁的农舍里，或是在深山旷野和滑雪者休息的木屋里，到处摆满了蜡烛、糖果、饼干、胡桃、苹果、小玩偶、金铃，天使发送礼品的灿烂的圣诞树闪闪发光，人们邀请亲友，围着圣诞树共度节日。到了子夜十二点，教堂里响起了洪亮悠远的钟声，围着圣诞树的人们，全体起立，忙着点蜡烛，读圣经，互相祝福，交换礼物。

　　"平原寂寂，雪花纷纷……"的圣歌悠悠而起，这首圣歌起源于奥地利萨尔茨堡省的奥本道夫，而后流传到全世界的。在钟声和圣歌声中，信徒们都要到教堂去做弥撒和礼拜。每座教堂的神坛上，都放着圣诞树以及传统性的马槽模型，表现耶稣基督降生于犹太伯利恒的故事。圣诞树上有一颗星，指示"东方三王"赴伯利恒朝拜圣婴的道路。半夜，还有报佳音的圣歌队到每家门前通报基督降生的喜讯，各家各户都要把糖果、饼干、胡桃等分赠给他们。由儿童装扮的"三王"也即在门额上用粉笔书写 19+K+M+B+88 字样。K、M、B 是"三王"卡斯帕、梅尔修和巴达萨，1988 则表示年份。这种带有符咒性质的字样，情同中国过春节时的贴"门神"，据说可保护各家消灾祛祸。

比利时的诗节

　　每年 3 月 21 日，是比利时小朋友的"诗节"。这一天，全国各小学都要组织少年儿童读诗、写诗、赛诗，进行诗歌欣赏。

　　"诗节"是怎样来的呢?1976 年，比利时教育界通过了一项计划，在各小学开设诗歌写作课，培养孩子们的诗情。"吉利"小学一年级老师创造了一种教娃娃写诗的办法，就是让每个新同学说出自己最喜欢的人、东西或事情，然后经过精心的排列，这就成了一首小朋友集体创作的诗了。

　　随着年岁的增长，学校就有计划地让学生背诵比利时和法国一些名诗人朗朗上口的短诗。背诵多了，少年儿童的想象力便开始长了翅膀。

　　全国各小学广泛开展诗歌活动，在这个基础上，诗歌节便逐渐形成了。比利时的法薇奥拉王后，是一位儿童文学作家。她亲自创办了每隔一年举行一次的"克诺克"国际诗歌大会，极大地推动和鼓励孩子们写诗。比利时教育中心理事会还从全国四面八方收集儿童们的诗作，结集出版，如《儿童是诗人》的儿童诗集，共有630篇，都是6岁至12岁小诗人的佳作。那活泼、天真的诗风，使人耳目一新。

美国的感恩节

每年 11 月最后一个星期四，在美国是感恩节。

在美国，感恩节比一个月后才来临的圣诞节更为重要，类似中国人过春节。首先，感恩节的假期比圣诞节长。圣诞节的假期，照例只从圣诞节前一天的下午开始，圣诞日和"开礼盒日"各一天，共两天半，而感恩节则由 11 月第四个星期四开始，然后星期五、六、日三天，也一样是假期，这足足有四天假期，比圣诞节实际上多了一天半。

其次，感恩节在美国，是家庭团聚的日子，或可称"团圆节"。即便家庭中各成员散居四方，到了这个节日，都千方百计回家团聚一下。要知道，西方人的家庭观念，是远不如中国强烈的，像感恩节团聚这类事，已是一种很有家庭观念的表现。

再则，美国人平时不大注重饮食，吃得很简单、很随便。快餐便是由这个国家流行开来而传遍全球的。他们一年内最注重饮食的一餐，就是感恩节的晚餐。他们甚至认为，这一餐，比讲究饮食的法国人更出色。当然，这不过是美国人的一面之词，法国人并不认为美国人的感恩节大餐有什么了不起。感恩节大餐所必备的一味菜是火鸡。讲到火鸡，那倒是有个风趣的故事：

1620 年，英国、荷兰和其他一些国家的宗教徒，于 11 月 21 日乘船到达现在美国的普利茅斯登岸。到达北美后，饥饿、寒冷、病魔这三大灾难降落到他们身上。纯朴的印第安人慷慨送来了食物、工具，教他们造房子、种玉米。秋天，他们种的玉米、南瓜都获得丰收。1621 年 11 月的一天，他们准备了丰

盛的欧洲式饭菜，自制了啤酒，热情的印第安人又送来了大火鸡，大家聚餐感恩上帝赐福。事后把这天就命名为"感恩节"。美国建国后，把感恩节定为全国的节日，也叫"火鸡节"。1941年起又将感恩节日定为每年11月第4个星期四。感恩节已成为家人团圆、朋友相聚的全民节日了。

加拿大的枫糖节

　　加拿大盛产枫叶，其中以东南部的魁北克和安大略两省的枫叶林最多最美。每年4月，春意犹浓的时候，一年一度的"枫糖节"开始了，它吸引着千千万万的游客，尤其是天真烂漫的孩子们去欣赏枫叶，品味枫糖。

　　加拿大有10来个枫树品种，其中最著名的一种叫"糖枫"，它的树液像香甜的奶汁，含糖量达3.5%，能熬制"枫糖浆"。魁北克、安大略两省有几千个生产枫糖的农场。"枫糖节"期间，农场粉饰一新，披上节日的盛装，向各地的游人开放，大量出售各种枫糖浆、枫糖糕、"太妃糖"。"太妃糖"制作是特殊的，盛上一杯洁白的春雪，然后浇上热烘烘的糖浆，便成了色味俱佳的"太妃糖"。在"枫糖节"的周末，有些农场对儿童免费供应清香可口的糖浆、甜度适宜的枫糖糕和滚热味美的太妃糖。最受欢迎的是一种用糖煎制的薄饼。

　　糖枫在加拿大国民经济中不仅占重要地位，而且在人民政治生活中有深远影响。1867年7月1日，加拿大正式确立了英帝国自治领的地位。不久多伦多市有名叫缪尔的教师谱写了一首名为《枫叶永存》的歌曲。这首歌曲曾激励加拿大人民为争取民族独立而英勇斗争。在1921年11月21日，加拿大正式确定了带有三片枫叶的盾形纹章为国家的标志。1964年12月15日制定了现在加拿大的国旗：长方形，两侧红边，中间白底红枫叶。1965年7月1日加拿大国庆，第一面新国旗在首都渥太华的议会大厦升起，真正代表加拿大的红枫叶国旗诞生了。

墨西哥的圣船节

在墨西哥的墨西卡尔迪塔岛，每年盛夏的一天，这里都要举行一年一度的划船比赛，以庆祝传统的节日——圣船节。圣船节是拉丁美洲最古老的节日，也是墨西哥古老文化的一个象征。

节日的那天，街上摆满鲜花，空中飘着彩旗，树上挂满花环，远方客人和当地居民奏乐高歌，涌上街头。当晨曦初露，圣佩德罗和圣巴勃罗的圣像被抬到各自的"圣船"上，向湖中心缓缓驶去。紧跟着的一只大船上坐着"圣母"，她代表阿兹特卡人。另一只大船上是一支乐队。后面几百只小船分两路，他们是两位"圣人"各自的乐队和拉拉队，所有的船都来到碧波荡漾的湖中心，摆成一个小岛，把两只"圣船"围在中间。此时，湖面上一片欢腾，歌声、乐声、爆竹声和呼喊声交织一片，响彻云霄。在欢乐气氛中，神父在当地官员的陪同下，来到一只大船上和大家一起礼拜，然后虔诚地向湖水祷告，祈求保佑当地人民幸福。接着，大主教宣布划船比赛开始。

"圣船"在几百只小船的中间向前划去，各自的乐队和拉拉队使劲助威呐喊。因为圣佩德罗是当地渔民的象征，所以是每次划船比赛的必胜者。这个传统一直延续下来。当得胜的圣佩德罗抵岸时，人们热烈欢呼，衷心祝贺。当地市长便走上船头，把节日的名贵礼品——一条相传了几百年的带有金色大虾的红色绸带戴在圣佩德罗的圣像上。晚上，各街道灯火通明，身着节日盛装的男女老少涌向街头，列队游行，一路纵情歌唱，以庆祝圣佩德罗的胜利。

古巴的风筝节

古巴圣地亚哥萨卡杰别开斯村，每年 11 月 1 日都要举行风筝节。

当地人的风筝节连续举行两天。节日第一天，成千上万的观众赶来观赏。放风筝在旷野里，有时在公墓草地上进行。据说这是为了悼念死者，寄托亲人的哀思，祝愿下一代幸福长寿。当地风筝很特别，它的直径长达 3~6 米，可说是世界上最大的一种，需要四五个小伙子合作才能把风筝放上天空。风筝款式大多为圆形，犹如一把撑开的大伞。风筝上绘有各种各样的图画，在风筝上部还插上小旗，把风筝装饰得五颜六色、鲜艳夺目。

风筝节上，当地人和游人可以互相戏谑取笑，而又是男女青年谈情说爱，挑选意中人的美好佳节。当地人有许多清规戒律，严禁男女青年在平时随便交往。但在风筝节期间可解除律令，青年男女才能充分利用这个难得相识的机会，相互表达自己的爱慕之情。小伙子为了要在风筝上打开爱情的天窗，赢得姑娘的心，往往在风筝节前五至七周就动手制作风筝了。风筝上的画面都有一定含义，蝴上两颗心，表示年轻恋人倾心相爱；玫瑰花象征结婚典礼；家兔意味着喜得贵子，幸得千金；鸽子象征着爱情和友谊；苍鹰和老虎则表现风筝设计制造者的英俊、顽强、刚毅和坚定的性格。如果哪一个年轻小伙子能在风筝节上成为优胜者，他就会得到许多姑娘的爱慕。这样，风筝便成了玛雅未婚青年男女相爱的"月下老人"。

每年11月的头两天，在圣地亚哥萨卡杰别开斯村的上空，满天的风筝在迎风飘动，五颜六色，相映生辉，不仅使人赏心悦目，充分享受风筝节的愉快，同时也寄托着玛雅人对美好前景的向往。

阿根廷的花节

　　每年9月，是阿根廷的初春季节。在这春暖花开的日子里。花都埃斯科瓦尔城总要举行一年一度的花节。埃斯科瓦尔，西班牙语是为生长金雀花的地方。据说，埃斯科瓦尔城是由一名阿根廷妇女建立的。那里的人们酷爱种花，城里的一些街道以花名或种花人的名字命名。

　　埃斯科瓦尔花节规模盛大，庆祝活动隆重。政府当局很重视花节，总统、部长和布宜诺斯艾利斯省的省长等都出席花节庆祝活动的开幕式。数十万观光的旅游者来自世界各国和全国各地。

　　花节要举办盛大的花展，来自全国许多省和数个拉丁美洲国家的数以万计的鲜花和装饰植物参加展出。绚丽多彩的花儿叫人目不暇接，这里有色泽艳丽的玫瑰，有迎春怒放的杜鹃，有多色素雅的石竹花，还有各色各样的牵牛花、秋海棠、菊花、山茶花、三色堇、兰花、美人蕉等。令人耳目一新的是展厅布局，架起小桥，装有喷泉，铺着草地，竖起花台，还有风车、水巷和温室的模型，组成了一个立体的"有声有色"的花草世界。其中，最引人注目的就是当地特有的赛波花。

赛波花，花树高4～8米，春季开花，远望像凝聚着团团红霞，闪烁耀目；近看似红珊瑚缀成，一瓣瓣晶莹透逸。相传，西班牙入侵阿根廷时，印第安人酋长阵亡，他的女儿婀娜伊挺身而出，与敌人浴血奋战而被俘。敌人把婀娜伊绑在赛波树上处死，她宁死不屈，以她动人的嗓音歌唱她热爱的土地，歌唱自由和尊严。此时，赛波树也激动了，突然开出满枝满树如火如血的红花。赛波花成了坚贞不屈、纯洁高尚的婀娜伊的化身，成了体现阿根廷民族特性的象征。赛波花作为民族精华，成为花节的骄傲，成为诗人、画家、音乐家、文学家作品中描绘的艺术形象，广为人民喜爱和赞颂。

巴西的狂欢节

　　每年 2 月中旬或下旬，巴西人民欢庆他们盛大的传统节日——狂欢节。

　　里约热内卢的庆祝活动最为壮观。全城的大街小巷装饰一新，马路两旁搭起牌楼和一排排临时看台。在持续 3 天的狂欢中。不管白天黑夜，不分男女老幼，人人穿着节日服装，在街道上，在广场上，跳舞歌唱。跳的是巴西最流行的桑巴舞，据说桑巴舞起源于非洲。传入巴西后，吸收了葡萄牙和印第安人舞蹈的艺术演变而成今日的桑巴舞。这种舞蹈的特点是紧张、欢乐、兴奋、激动，旋转起来不同于一般的轻歌曼舞。

　　为了培养优秀的舞蹈家，里约热内卢设有 12 所桑巴舞学校。音乐家们每年都要专门为狂欢节创作新的乐曲，其中包括舞曲、进行曲、抒情歌等。这些乐曲由艺术家们亲自在街道或广场上演出，经过广播很快就在群众中流传开来。每一个桑巴舞学校或俱乐部都要提前半年为狂欢节准备节目，而且互相保密，以便一鸣惊人。参加狂欢节的每一个队伍里都要选出一位"国王"和一位"王后"，通过他们活泼有趣的活动，影响着整个队伍，使狂欢节的人们始终处于高昂的情绪之中。

狂欢节对巴西的社会生活和艺术创作，有着深刻的影响。每次狂欢节由旅游部门、俱乐部和桑巴舞学校等推选代表，组成评奖委员会，评选优秀的乐曲、歌词、舞蹈、化装表演节目和最优秀的歌舞队伍等，并颁发集体奖和优秀奖。获奖的要进行汇报演出。狂欢节还吸引无数国外游客，这就给国家带来一笔可观的外汇收入，推动着国家旅游业的发展。

索马里的点火节

索马里的农历与基督教和伊斯兰教历不同，他们的新年是在 8 月 1 日。在南部索马里称新年活动为"点火节"。

点火节庆祝活动是在 7 月 31 日开始，一连数日。节日前夕，当夕阳的最后一抹金色余晖消逝，夜幕徐徐降临的时候，在村落周围，沿河两岸和大路两旁，逐渐点起了堆堆篝火。远远望去犹如落地的点点繁星。

附近的居民们三五成群地蜂拥至篝火周围。姑娘们身穿色彩鲜艳的长裙，头戴五颜六色的披肩头巾，服饰绚丽的妇女们背婴携幼，赤脚的孩子们前后嬉闹，大多数男人都穿一种传统的白色宽衣——玛罗，少数人穿西装衬衫。

人们围绕着熊熊的篝火，载歌载舞，一片欢腾。索马里素有孩子们在大年前夜跳篝火的习俗，天真活泼的孩子们欢天喜地地排成长长的队伍，一个个争先恐后地跳过篝火，而且不分男女，每满一岁就要跳一次，满几岁就跳几次。他们跳得那样轻松，犹如在举行一次集体舞蹈表演。1~3岁的婴儿由母亲抱着跳。只有跳满了次数，才算烧掉了一年中的霉气，迎来了吉祥的一年。儿童年满15岁便算作成人了，不再参加跳篝火，而是作为大人从旁呐喊助兴。孩子们劲头十足地跳着，大人们拍着手叫着，鼓励着，指手画脚地评论着。人们的叫声、笑声和孩子们过篝火的蹦跳声混杂在一起，组成一章优美的、和谐的非洲狂欢协奏曲，动人的旋律随着升腾的火焰响彻夜空。

整个新年活动的仪式叫做"达布什德卡"，确切的含义是"点火"。因而，索马里的新年活动便称为"点火节"。

尼日利亚的死人节

　　尼日利亚的加巴族，最喜欢在秋季举行死人节，因为举行一次死人节活动，要消耗不少粮食，而秋收刚结束，可以用新打的粮食烹制食物。但由此而来的便是节后要拉饥荒，因此，现在尼日利亚人开始主张改变这种习俗。

　　人死后，亲戚朋友都要到他家里举行隆重的葬礼，但没有悲伤的气氛。人员到齐后，开始敲鼓，众人随着有节奏的鼓声边歌边舞，颂扬死者生前的功绩和品德。葬礼一般举行三天三夜，主人要设宴款待来客，非常丰盛，顿顿不重样，但不能喝酒，因为酒气会冲撞死者的灵魂。悼念仪式结束后，就将死者埋掉——把死神赶走了。

　　死者周年的时候，还要举行一次规模更大的死人节。参加仪式的人都要牵来一只小母羊，其中一人牵来一只大公羊，同时还要背来粮食、红油。如果死者是一位大家庭的主人，其家属会收到几十只甚至上百只羊。来客中的男子都穿最好的衣服，妇女则用新鲜树叶编成围裙围住下身，然后在全身擦上油，越多越好。

　　人员到齐后，开始宰羊，然后用大锅煮，还要熬红油汤。吃过羊肉喝过汤，大家就随着鼓点唱歌，边唱边喊着死者的名字，一遍又一遍地叫着："你死了，你真的死了！只有一个人去了，全家人都在，你会回来的。"这种仪式要持续七天七夜才结束。

摩洛哥的献羊节

在摩洛哥众多的传统节日中，每年 1 月 22 日的献羊节是历史最长、最具特色和最隆重的一个节日。

按照传统习俗，家家户户都要准备一只羊开羊宴来庆贺献羊节。因此，在节前几天，城市、乡镇都设有临时羊场，集市十分热闹。

献羊节最隆重的活动是献羊典礼，首先祈祷，然后由一名经过比赛挑选出来的壮士，当场用一把利刃插入羊颈，并飞快地背着流血的羊奔向离广场很远的清真寺。他身后有一群身强力壮的人，手舞棍棒，前呼后拥地呐喊着追赶那位壮汉。如果他们奔到清真寺门前时羊还没有死去的话，就立即鸣炮为号，告知静待在广场上的人们，说明这是丰收的预兆。随即人们就相互庆贺，家家羊宴齐开，尽情地欢乐，一直到深夜。

在节前几天，家家户户就张罗买羊，城镇乡村到处设有临时的羊市。节日的羊宴热闹非常。好客的摩洛哥人竞相邀请亲友邻里来家赴宴，即使对素昧平生的人也热情款待。有趣的是，这个节日还是摩洛哥传统的和平节。即使是平素敌对的部族，在节日里也一律不得相互格斗，邻里之间和家庭中间也不发生口角和冲突。因此，献羊节又叫"和平节"。

毛里求斯的荷丽节

毛里求斯是印度洋上的一个美丽的岛国。每年 3 月月圆之日便是他们的荷丽节。"荷丽"是印地文原音，意思是泼水或洒水、洒红。

在荷丽节节日清晨，毛里求斯的人们便开始用喷筒彼此喷洒五颜六色的水，这种水被他们称为吉祥水，有的干脆用脸盆泼水，把对方浑身上下泼个湿透。

就这样大家追逐嬉戏，相互逗乐，全国上下形成了一片欢腾的海洋。就连国家总理也兴致勃勃参加洒水、泼水活动，喷水活动一直持续到中午才停止。

到了节日下午，人们洗澡换衣，外出访亲会友，互相道贺。盛大联欢晚会开始，人涌如潮。爆竹声响此起彼伏，鼓乐之声不绝于耳。入夜，人们点起篝火，尽情歌舞，直到东方发白。

荷丽节是毛里求斯全国所有人民共同的节日。因此，在节日那天，不论毛里求斯人、克里奥人和华人等都会参加节日活动，分享节日的愉快。每年一到荷丽节，整个毛里求斯就呈现出一派欢乐、繁忙的景象。那五颜六色的吉祥水成了毛里求斯各民族人民亲善和友谊的象征。

斐济的红花节

红花节是南太平洋美丽的岛国斐济的传统节日，在每年的8月份举行，为时7天。

红花，学名叫木槿，是一种常年开花的热带灌木。斐济人民非常喜爱这种花，他们常用它插在头上和放在屋内作装饰，很多商品广告也喜欢用它作图案。一年一度的红花节，在斐济首都苏瓦市隆重举行。市区的主要街道上搭起红花牌楼，并挂上五光十色的彩旗，插上五颜六色的热带花草，装上五花八门彩色灯泡。

红花节活动以化装游行开始，来自全国各地成千上万的观众和世界各地的游客，与当地居民一起参加盛大的游行。游行队伍由国家警察乐队为前导，人们穿上各色各样的服装，戴上稀奇古怪的假面具一路欢呼；游行的彩车上坐着各地选来参加竞争"红花皇后"的美丽女郎；彩车后面是一队队服装整齐的男女童子军和军乐队。游行队伍到达"红花节"的活动中心阿尔伯特广场便进入高潮。

在广场周围临时搭有许多露天舞台。舞台上演出丰富多彩的民间歌舞、乐曲；台下成千上万的观众也翩翩起舞，整个广场欢腾热闹。在广场中心舞台上，人们热烈紧张地评选"红花皇后"，一旦宣布评选结果，全场欢呼沸腾起来。当选的前三名被戴上"皇冠"，并颁发奖金和奖品。评选活动售票所得的连同其他收入的大部分，都捐献给社会慈善机构，这便是举办红花节的起源和宗旨。